U0501258

宋雅

杭州南宋皇城探秘

杜正贤 著

西泠印社出版社

目　录

第一章　从东南第一州到临安府 / 001

一、北宋时期为何成为东南第一州 / 001

二、南宋定都临安始末 / 003

三、南宋定都临安原因 / 004

第二章　临安城范围 / 005

一、城墙遗迹的发现 / 006

二、今天能确定具体方位的城门数量 / 011

第三章　皇家气派 / 021

一、南宋皇城一带的历史沿革 / 021

二、南宋皇城的概况：今日可寻访到的遗迹 / 028

三、南宋皇城遗址的考古发掘 / 031

第四章　皇帝家庙 / 039

　　一、南宋太庙的兴衰 / 040
　　二、南宋太庙遗址的发现与发掘 / 043
　　三、遗址今貌 / 056

第五章　"北内"德寿宫 / 058

　　一、德寿宫历史沿革 / 058
　　二、考古学家眼中的德寿宫 / 060

第六章　南宋临安城内的街道 / 067

　　一、南宋御街遗址的发现与发掘 / 068
　　二、南宋御街历史 / 082
　　三、朝天门遗迹 / 085
　　四、相关问题讨论 / 087

第七章　南宋临安城中的官署遗址 / 090

　　一、中央官署机构 / 090
　　二、地方官署机构 / 106
　　三、中央官署遗址 / 109
　　四、临安府治遗址的发现 / 112
　　五、南宋府学的考古发现 / 118

第八章 南宋临安城中的"私宅" / 123

一、杨皇后宅遗址 / 123

二、杨皇后的传奇一生 / 131

三、临安城内的"府"与"宅" / 134

第九章 南宋官窑 / 136

一、官窑历史 / 136

二、何谓"南宋官窑" / 137

三、两处南宋官窑窑址的考古发现 / 139

四、哥窑之谜 / 154

第十章 南宋临安城内的寺庙宫观 / 159

一、南宋时期宗教发展 / 159

二、南宋时期宗教遗迹寻访 / 162

三、白马庙遗址的发现 / 169

附录 典雅的南宋文物 / 173

从东南第一州到临安府

杭州历史悠久，自秦设县治以来，已有2000多年历史。杭州改县为州，始于隋开皇九年（589），"杭州"之名第一次出现。唐代杭州属江南道。五代时期杭州为吴越国都城。北宋太平兴国三年（978），吴越王钱俶纳土归宋，杭州降为普通州郡。南宋时期升杭州为临安府，称"行在所"。临安府北与嘉兴、湖州相邻，东与绍兴接壤，西南与严州交界，南与婺州毗邻。临安府西北部和西南部是浙西低山丘陵区；东北部和东南部属浙北平原，河网密布，是著名的"鱼米之乡"。除了拥有坚实的物质基础，南宋初期的临安府北有长江天险，又远离宋金战争的前线，曾为五代吴越国的都城，城内外水陆交通发达，诸多禀赋使南宋朝廷最终选择定都于此。

一、北宋时期为何成为东南第一州

北宋嘉祐二年（1057），大臣梅挚出任杭州知州，宋仁宗赠诗示宠，称赞杭州是"地有湖山美，东南第一州"，可见北宋时期的杭州，已经成为东南沿海的大城市了。

在北宋前期，杭州人口增加了一倍。柳永（987—1053）在《望海潮》词中写道："东南形胜，三吴都会，钱塘自古繁华。烟柳画桥，风帘翠幕，参差十万人家。"据元丰年间（1078—1085）的《九域志》载，彼时杭州人口已达202800多户，超过了江宁（120717户）、平江（152821户），成为江南人口最多的州郡。[1]

中唐以来，杭州逐渐成为江南丝织业的中心。北宋时期，杭州城市经济也迅速发展。至道元年（995），北宋在杭州设置"织务"，专门管理并收购本州及附近州县的丝织，每年收购绢达25万匹，绫5234匹，绵54000匹。崇宁年间（1102—1106），宋徽宗曾命童贯置局于苏、杭，仅织绣工匠即达千人，可知官营丝织作坊的规模之大。杭州的雕版印刷也在北宋时期蓬勃发展，居全国首位。据王国维《两浙古刊本考》统计："监本（即国子监官刻本）刊于杭者，殆居大半。"哲宗时，泉州商人徐戬在杭州刻印《夹注华严经》等佛经，运往高丽等地销售，获利甚厚，后被地方官苏轼禁止。此外，酿酒、造船、制扇等手工业都很发达，苏轼《奏开西湖状》称："天下酒官之盛，未有如杭者也，岁课二十余万缗。"城市商业十分繁荣，神宗熙宁十年（1077）杭州超过广州南海郡（68095贯）。经济的发展促进了江河运输的发展与海外贸易的兴起。宋太宗端拱二年（989）设立市舶司，杭州成为全国三大对外贸易港之一，"道通四方，海外诸国，物资丛居，行商往来，俗用不一"。在杭城近郊沿江河码头，还形成了南场、北关、安溪、西溪、范浦、江涨桥、汤村、临平等8个卫星市镇，成为杭州城市经济发展和物资交流不可缺少的补充。

总之，五代至北宋前期，杭州已成为"四方之所聚，百货之所交，物盛人众"的大都会了。

---

[1] 林正秋：《杭州古代城市史》，浙江人民出版社，2011年，第4页。

二、南宋定都临安始末

"靖康之难"后，唯有徽宗的第九个儿子康王赵构在开封被围时，以天下兵马大元帅的名义在河北建立帅府得免罹祸，成为当时北宋仅存的皇室血脉，其余皇室人员均被掳掠北去。康王赵构于靖康二年（1127）在应天府（今河南商丘）登基，成为南宋的第一个皇帝，史称宋高宗。

南宋王朝建立不久，金兵不时南侵。建炎元年（1127）六月，李纲向赵构提出巡幸方案，认为"关中为上，襄、邓次之，建康又次之"。尽管这一建议并未得到采纳，但是迫于当时宋军一溃千里的军事情况，宋高宗很快放弃应天府，巡幸建康（今江苏南京），后逃至扬州。建炎三年（1129），因金军南侵，距扬州仅数十里，高宗仓促渡江。考虑到镇江等地濒临长江，离前线太近，高宗选择了杭州为行宫所在。同年，升杭州为临安府。就在宋高宗准备驻跸临安府时，金军已经尾随至江南，宋军无力抵抗，宋高宗由杭州至越州（今浙江绍兴），再由越州而明州（今浙江宁波），最后乘船经定海（今镇海）逃往台州、温州一带。金兵下海追逐几百里，遇台风暴雨才不得已返回。建炎四年（1130）四月，南宋政权重返越州，以其地为行都。次年改号"绍兴"。绍兴元年（1131）十月，升越州为绍兴府，以示"绍祚中兴"。宋高宗驻跸绍兴不久就出现诸多弊病，其一是物资耗费倍增，而绍兴地狭物少，交通不便；其二是绍兴过于偏远，"人怀安而不乐屡迁"，不合于抗金复国的时势。不久，南宋政权再次搬迁至临安府行宫。绍兴八年（1138），宋高宗定都杭州，称"行在所"。此后直至南宋灭亡，杭州一直作为南宋的经济、文化中心，成为南宋王朝实际上的都城。

三、南宋定都临安原因

南宋定都于临安，是由当时的军事态势以及临安本身经济、文化和地理自然等条件而促成的。皇城位于凤凰山，有沿袭北宋州治基础和有利于加强防御等方面的优势。南宋统治时期，极少采取十分严苛残酷的经济政策，临安城作为天子驻跸之地，号称首善之所，还常常能够得沾雨露，享受诸如免除部分房租、蠲免部分赋税、免费诊疗赐药等优惠措施。临安城能够长时间保持向心力，聚集来自五湖四海的民众，甚至外国的商人，导致城市人口繁衍，超过百万，被马可·波罗誉为最美丽华贵之城，这都是定都临安重要的物质基础。临安城内有盐桥运河、市河、清湖河、茅山河及其他支流，四河之上跨有二百多座石桥，水运交通十分便利。陆路交通方面，南宋临安城的东西向道路大都以御街为中心，向东西两边延伸，沟通临安城诸城门。御街与河道构成了四通八达的"鱼骨"状水陆交通网，这样河路并行的城市布局是南宋临安城的最大特点。便利的水陆交通，也是南宋定都临安的重要因素。

第二章

临安城范围

　　弄清南宋临安城外城的四至范围，一直是南宋临安城考古工作队的目标之一。由于南宋城墙已几乎没有裸露地面的部分，因此难度很大。南宋临安城外城尚残存南城墙部分遗迹，长度大约500米，最高处约5米，处于南面山林中。通过近30年的考古发掘，又有多处城墙遗址以及钱塘门遗址先后得以发现，四个方位的城墙走向基本得到确认，考古发掘成果比较显著。收获较大的是对临安城东城墙多处城墙遗址的发掘，除此之外就是钱塘门遗址的发掘。四至范围的确定不仅需要一些重大发现，更多的是需要多个点的发掘，将点连接成线，由线而扩成面。在多年考古工作过程中先后发现的诸多零散分布的点，对城墙范围的确定发挥着不可或缺的定位作用，其间凝聚着考古工作者的汗水与心血。

　　从晚唐到吴越国时期，钱镠三次拓展建设杭州城垣。北宋时期杭州城垣范围有所变化。这一时期历史文献记载较为简略，但留下了研究城垣建设的线索。

　　建炎三年（1129）宋高宗升杭州为临安府。绍兴八年（1138）宋高宗定都临安，称"行在所"。绍兴二十八年（1158）增筑东南外城，有城门13座，另有水门5座。在南宋晚期的《咸淳临安志》的京城图、皇城图上已经可以窥见临安城城垣的格局。

　　元代毁城墙以示统一，临安城城垣大都遭到破坏。元至正十九年

（1359），张士诚更筑府城，将原有的临安城东城垣从菜市河（今东河）向东拓展3里到贴沙河，南部则从候潮门缩进2里，将杭州城垣南界从凤凰山南的临安城城垣向北缩到凤山门、万松岭、云居山一线，北城墙和西城墙则继承了临安城城垣的走向，奠定了明清杭州城市的格局。

清末民国以来，随着现代测绘技术的引进和使用，反映清末民国时期杭州城市格局的各种测绘地图被保留下来，成为研究明清时期杭州城市格局进而对照研究临安城格局的重要资料。

综合各种研究资料，南宋临安城城垣的北城墙东起东河坝子桥，沿环城北路至环城西路；西城墙从环城北路经环城西路沿河、白沙路、湖滨路、南山路至万松岭附近，向南沿凤凰山山脊、将台山延伸；南城墙从将台山南，经桃花关、冷水峪、包家山，在嘉会门即凤凰山东与凤凰山脚路交界处转入平地；东城墙北起坝子桥，经仓河下、岳家湾、东青巷、直大方伯、金鸡岭、城头巷、直吉祥巷沿河及金钗袋巷一线，至凤山路折向西南与嘉会门连接。目前东城墙和西城墙的局部位置已经被考古发掘所证实；北城墙的具体位置尚未经过考古发掘，但对其走向学术界没有太多异议；南城墙和东南城墙的位置及走向目前还有不同意见。

一、城墙遗迹的发现

对临安城东城墙遗址正式的考古发掘有五次：1984年春，临安城考古队在杭州市江城中学西围墙外抢救发掘了一段南宋城墙基础。1995年，在对今中河路与万松岭路交叉口附近的华府饭店（今华辰饭店）基建工地的发掘中，发现了城墙夯土及外侧包砖遗迹。2003年金鸡岭的考古发掘，发现了城墙外侧遗迹。2006年，杭州市文物考古所在对望江路与吉祥巷交界处东侧（原杭州家具厂）进行抢救性考古发掘中，发现了一段南宋城墙基础遗迹。2012年5月，杭州市三医院东侧绿化带下因施工发现了一段东城墙遗迹，于地表以下2米左右发现了整齐的夯土层。此外，考古调查中，在今南星桥火车站一带发现了部分南城墙基础，嘉会门的位置大致位于今南星桥火车站内。现将江城中学工地与杭州家具厂工地的发掘情况概述如下。

临安城东城墙遗址

几处东城墙遗址在今杭州市位置示意图

临安城东城墙外侧包砖

1984年，临安城考古队在杭州市江城中学西围墙外抢救发掘了一段南宋城墙墙基，墙基距地表深2—2.4米，残长18米，残高2.4米，残宽9.5米，墙基南北走向，用红黏土和石块分层夯筑而成。城墙西段的夯土层中间部分发现了一条由西向东逐渐倾斜的砖砌券顶排水涵洞，通长11米，高0.8米，宽1米左右，基本用双层条砖砌筑而成。

2006年，杭州市文物考古所在对望江路与吉祥巷交界处东侧（原杭州家具厂）进行抢救性考古发掘中，发现了南宋、北宋、五代三个时期依次叠压的城墙基础遗迹。南宋城墙基础比北宋城墙又向东扩展了11.5米，西部叠压在五代、北宋两时期墙基之上。南宋城墙基础距地表2.3—2.5米，揭露南北长34.5米，东西宽约15.7米，残高1.5—2米。经解剖发现，墙基主体部分宽9.7米，残高2米，系用大小不一的石块和粉沙土添筑而成，墙基东侧用石块包砌规整，外侧再打入一排直径15—20厘米不等且排列整齐的松木桩加固墙基。墙基东边为一宽6米的护基，由大小不一的石块和黄黏土堆砌而成；外侧用一排长2米、直径15—20厘米不等且排列整齐的松木桩加固墙基，其功能是保护西边的城墙主

南宋临安城东城墙基础遗址

体基础。护基木桩向东约5米处另有一排木桩，此处原为城墙东侧护城河，后因修筑德寿宫而填河成断河头，后渐成平地。发现的城墙砖中一块尺寸为40.5厘米×20厘米×9.5厘米，一侧模印"嘉熙"二字，系南宋理宗年号，起于1237年，止于1240年。

发掘结果表明，南宋时期外城城墙基础为土石混筑，外侧包砌石块，墙基宽度应为8—10米左右。2006年，望江路与吉祥巷交界处东侧（原杭州家具厂）的考古发掘中发现了南宋、北宋、五代三个时期依次叠压的城墙基础遗迹，表明临安城城墙的砌筑具有时代叠压特征，北宋时期在吴越国墙基基础上夯筑墙基并砌筑墙体，南宋则在北宋墙基上重新夯筑墙基并砌筑墙体。这在一定程度上证实了南宋临安城东城墙大体上沿用了北宋、五代吴越国时期的旧城墙，是在五代吴越国与北宋州城城墙的基础上适当增减、扩展营建的新城墙。

结合文献记载与考古发现，我们大致可以还原出南宋城墙的建筑情况和大致面貌。首先是城墙的范围，南宋城墙大部分是在北宋墙基基础上夯筑墙基；其次是墙基的夯筑，墙基主体部分由黄黏土和石块构成，宽度在8—10米左右，为防止墙基坍塌，再在外侧包砌石块作为护墙基础，或者揳入一排松木桩。

南宋临安城城墙外侧护基木桩

墙基之上修筑城墙，城墙高约9米，厚约3米，城墙内部填充夯实的石块和黄黏土，外面则用城墙砖包砌。从发掘实物看，理宗年代的墙砖为青砖，单砖体量较大。据文献记载，旱门上面均修建有门楼，水门上则是平屋，其余部分则在城墙两面砌筑城堞。南方地区湿润多雨，用砖土夯筑的墙体容易受雨水侵蚀洗刷而坍塌，因此，筑城的时候必须考虑相关的解决办法。据已有发掘材料显示，城墙西段的夯土层中间部分发现了一条由西向东逐渐倾斜的砖砌券顶排水涵洞，通长11米，高约0.8米，宽1米左右，这大概就是其中的技术措施之一。

二、今天能确定具体方位的城门数量

（一）关于南宋临安城城门的文献记载

南宋临安城的城门在《咸淳临安志·京城图》中有明确的标注。十三旱门中城西四门，即钱湖门、清波门（俗称暗门）、丰豫门（又称涌金门）、钱塘门；城东七门，即便门、候潮门、保安门、新开门、崇新门（俗呼荐桥门）、东青门（俗呼菜市门）和艮山门；城南嘉会门和城北余杭门（俗呼北关门）。五座水门为南水门、北水门、保安水门、天宗水门和余杭水门。

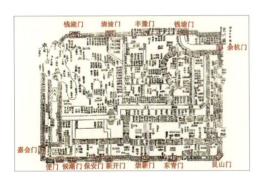 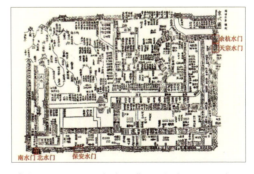

《咸淳临安志·京城图》临安城旱门示意图　　《咸淳临安志·京城图》临安城水门示意图

1. 城南嘉会门

城南的嘉会门建于绍兴二十八年（1158），该年六月三日，宋廷下诏："皇城东南一带未有外城，可令临安府计度工料，候农隙日修筑。具合用钱数申尚书省于御前支降。今来所展地步不多，除官屋外，如有民间屋宇，令张俊措置优恤。"[1]为符合都城规格，宋廷下令扩建临安府东南外城时重新修建嘉会门。临安城外城诸门中，以临安城墙南面与皇宫南门丽正门相对位置修建的嘉会门最为雄伟壮观。嘉会门也是南宋朝廷南郊祭天的重要通道，《梦粱录》卷七《杭州》记载："城南门者一曰嘉会，城楼绚彩，为诸门冠，盖此门为御道，遇南郊，五辂从此幸郊台路。"[2]

嘉会门旧名利涉门，利涉门之名不见于隋唐五代城门名，而由于北宋时期地方史志材料的缺失，有关利涉门的情况我们所知甚少。北宋时期，杭州沿用吴越国旧有外郭城，而吴越国子城南门名为通越门，外郭城南门名为龙山门，据此推测，利涉门当为吴越国时期龙山门的改称。《咸淳临安志》中《历代碑刻目》载："嘉会门，《淳祐志》旁注：旧名利涉门。"更早之前编撰的《乾道临安志》载："社坛，旧在利涉门内（今嘉会门），今徙于城西一里小昭庆寺侧。"《咸淳临安志》卷一八所载仁和知县郭应西撰《重建社稷坛记》云："'吾闻元祐间文忠苏公守兹土，敬其明神，工祝致告，有北埔苔阴之义，当时规置准古，概可想见。兹其处乎？'吏白：'坛旧在嘉会门内，邦志逸所徙岁月，意绍兴驻跸初也。'公喟然曰：'今视昔愈益隆重。'"同卷《城郭》并未记载嘉会门有俗称，倒是说东青门俗呼菜市门、余杭门俗呼北关门等。据以上几段文献可知，利涉门之名早于嘉会门。利涉门与嘉会门的前后因袭关系，可以从《中兴礼书》中得到印证。南宋初年，南郊祭天的重要通道之一就有利涉门，书中录有《輶祭利涉门祝文》两篇，绍兴二十八年（1158）之后所录祝文改名为《輶祭嘉会门祝文》。《宋会要辑稿》载："（绍兴二十八年）九月二十二日，措置修城所言：'契勘新城添置便门，今欲移用利涉为名，所有旧利涉门系于园墙大路修盖，乞别立门名。'诏新南门可名嘉会门。"从《宋会要辑稿》的记载来看，嘉会门可能是在旧利涉门基础上修盖。利涉门以及相连城墙因防护规格提升，需要拆除重建。

南宋临安城嘉会门之南园林苑囿众多，包家山遍植桃树故称"桃花关"，为南宋临安城南风景胜地。诸多追随宋高宗赵构南下的北宋遗民多在人烟稀少

---

[1] 刘琳、刁忠民、舒大刚、尹波等：《宋会要辑稿》方域二之二〇，第15册，上海古籍出版社，2014年，第9292页。

[2] [宋]吴自牧：《梦粱录》卷七《杭州》，浙江人民出版社，1984年，第52页。

的城外安居乐业。嘉会门还是临安城内所需木材的主要运输通道，官府的酿酒厂之一也办在这里。嘉会门外还有嘉会门瓦。

2. 城北余杭门

临安城北有一座旱城门余杭门，余杭门俗称北关门。《梦粱录》卷七《杭州》载：吴越国时期"北城门名北关，今在余杭门外，人家门首有青石墩是也"。南宋临安外城并没有在吴越北关门旧址上修筑，而是在其南侧择址重建旱门，南宋时城北旱门余杭门为新建城门，但是民间俗称北关。《梦粱录》卷七说："城北门者三……曰余杭门，旧名'北关'是也。盖北门浙西、苏、湖、常、秀，直至江淮诸道，水陆俱通。""北关门"这个称呼之所以一直在民间沿用，主要是因为作为城北重要关卡枢纽，余杭门继续发挥着和吴越国时期北关门同样的作用。余杭门所在地段人口繁多，商贸往来频繁，而且是临安府粮食疏散中心，从余杭门至湖墅一带，历来是杭嘉湖淡水鱼集散地，因此附近市集众多。

除旱门外，城北还有两座水城门，分别是天宗水门、余杭水门。南宋临安作为行在所，全国各地的漕粮都需要汇聚到这里。南宋时期运力最大且安全快速的运输方式，非水运莫属，因此城北的两座水门成为沟通京城内外漕运的枢纽。京杭大运河自城北水门进入城内，余杭门以及另外两座水门是粮食的运输和转运以及储藏的必经之地。《梦粱录》卷七《西河桥道》说："余杭门里曰中正桥。元呼斜桥。水门前曰钓桥，旧名便桥。水路出余杭水门，通三闸也。"临安诸多粮食仓库也建造在这里。众多仓场集中在余杭门附近，为了保障消防安全，就近设有防虞机构。余杭门外有北关镇，是京杭大运河抵达临安府的终点码头和货物集散地。

3. 城西四门

临安城外城墙西面靠近西湖，共开有四门，自北向南依次是钱塘门、丰豫门（旧名涌金门）、清波门（俗呼暗门）、钱湖门。

钱塘门　早在吴越国时，杭州城已有城门十座，其中之一即为钱塘门。元初禁止修建城墙，以示天下一统，于是拆除杭州城垣，钱塘门亦未能幸免。明代有所修复。钱塘门为杭州城最西面的城门，紧邻西湖，是城内前往西湖及城外诸寺庙的主要通道，是古时杭州城西面的门户。自南宋绍兴年间至明清，杭州城垣多有更易，钱塘门也曾向东小幅移置。民国二年（1913），杭州开始拆除今湖滨一带清旗营城墙，辟为公园。1919年开辟六公园，钱塘门被拆除。2008年发掘了南宋钱塘门遗址。

钱塘门外西湖周围景致优美，南宋时期王公贵族多有苑囿建造于此。《淳祐临安志》卷六载："玉壶园，在钱塘门外，少南不百步。旧为刘鄜王园。湖光涵映，最为胜绝。中几废，府尹大资政赵公始渐复其旧。""择胜园，在钱塘门外。元有刘家小园，并观音庵，在后九曲墙下。绍定三年，嗣秀王创造。今上皇帝御书'择胜''爱闲'二扁。"钱塘门附近有临安府贡院择址于此，《淳祐临安志》卷六《贡院》："在钱塘门外王家桥。"除此之外，因为西湖水质清澈甘甜，所以南宋时期官办酒厂也选址于此。《咸淳临安志》卷五五《碧香诸库》记载："钱塘正库，在钱塘门外，楼曰先得。"此外，附近还是临安城花木交易中心，同书卷一九《市》云："花团。在城南，今冠巷口与钱塘门里亦有之。"鉴于此地日渐繁荣，住户增多，淳祐八年（1248），临安知府赵与慧在此增设防虞一处。《咸淳临安志》卷五七《防虞》载："钱塘隅，在钱塘门外水磨头，元额一百二人，有望楼。"据考古发掘显示，钱塘门几经重建，但是地址变动不大。

丰豫门 丰豫门又称涌金门。《康熙杭州府志》记载："涌金门，在城正

钱塘门（摄于1919—1924年间）

西，内外俱属钱塘。钱武肃王筑罗城时无此门，清泰三年，文穆王元瓘开涌金池，以引湖水，因有是称。宋曰丰豫门。"为充分利用西湖水源，南宋时有水口于涌金门北通西湖，《咸淳临安志》卷三五载："今西湖水贯城以入于清湖河者，大小凡五道，一暗门外斗门一所，一涌金门外水闸一所。"《咸淳临安志》卷三八载："涌金池，在丰豫门里，引西湖水为池。吴越王元瓘大书'涌金池'三字，刻石识之，其旁书：'清泰三年丙申之岁，建午之月，特开此池。'"

丰豫门附近还设置了多处朝廷机构，如浙江安抚司的"安抚司主管机宜文字厅（在涌金门里墙下投北）"。两浙转运司"今徙于涌金门南，为转运司。有宽民堂、周咨堂、观风堂、仁惠堂、振襟堂、福星楼"。南宋初期，合同茶场也设在此处，《乾道临安志》卷二载："合同茶场，在涌金门里。"该茶场到南宋后期不复使用，《淳祐临安志》卷五载："合同茶场，涌金门里。今废。"涌金门此后历经颓圮与重建，但是地址基本未变。下图为清末该城门面貌。

涌金门（摄于1899年前）

清波门 清波门始建于南宋绍兴二十八年（1158），与东南外城增筑时间相近。附近有流福水沟，引西湖水入城，门内外有明沟五道、暗沟十道，故又称暗门。门址在今天杭州南山路清波街西面。在清波门外有南宋皇家园林聚景园。清波门北，建有临安府治："建炎四年，翠华驻跸。徙治于清波门北，以奉国尼寺（即净因寺）。故基创建。"[1]

钱湖门 钱湖门始建年代不详，在清波门南、万松岭北。由于城外西邻西湖，周围景致优美，因此多处御园设在附近。钱湖门外南面有省马院。为满足军民的娱乐需求，此地曾有钱湖门瓦子，吴自牧撰《梦粱录》时，瓦子已经不存："钱湖门外南首省马院前名钱湖门瓦子，亦废为民居。"[2]

4. 城东诸门

临安外城东面自南向北依次建有旱城门便门、候潮门、保安门、新开门、崇新门、东青门和艮山门。水城门自南向北依次建有南水门、北水门和保安水门。

便门 绍兴二十九年（1159）韦太后死，为方便梓宫由宫中运出城外前往绍兴攒宫，特重新修建一座瓮城城门，即是便门。文献记载："是日，攒宫破土，作新城门于候潮、嘉会二门之间，直跨浦桥江次，以梓宫所由出也。凡经由道隘、民居权撤之，每楹赐钱二十千，为迁徙之费。"[3]便门是临安城东南沟通城内外水陆商贸往来的重要关卡，市集众多。如《咸淳临安志》卷一九载："布行，在便门外横河头。"《武林旧事》卷六载："布市，在便门外横河头。鲞团，在便门外浑水闸头。""便门外则有便门瓦。"

候潮门 候潮门始建于五代吴越国时期，但是南宋临安城外城的候潮门，建于南宋绍兴二十八年（1158），仅是沿用以前的名称而已，对此，史籍有明确的记载。据《吴越备史》卷二《武肃王下》载：开平四年（910）"八月，始筑捍海塘。王因江涛冲激，命强弩以射涛头，遂定其基，复建候潮、通江等城门"。而南宋时期的候潮门，"为南宋绍兴二十八年杨存中所展筑，非北宋时之候潮门也。吴越时之碧波亭，在今稽接骨桥附近，其地尚濒江。今之候潮门又在其外，决不能建门于此"[4]。

[1] [宋]施谔：《淳祐临安志》卷五《府宇》，载《浙江宋元方志集成》，第1册，杭州出版社，2009年，第11页。

[2] [宋]吴自牧：《梦粱录》卷一九《瓦舍》，浙江人民出版社，1984年，第180页。

[3] [宋]李心传：《建炎以来系年要录》卷一八三，绍兴二十九年十月戊寅条，中华书局，2013年，第3059页。

[4] 钟毓龙：《说杭州》，浙江人民出版社，1985年，第182页。

南宋候潮门为临安城南钱塘江上水运贸易物资进入城内的交通要道，据《咸淳临安志》卷一九记载，临安城内规模很大的"鲜鱼行"，在候潮门外。由于经济发展较好，流动人口多，候潮门外设有"外沙巡检司寨"，有"元额管土军一百二十人"，以加强对门外至江边的治安管理。门内设有都亭驿以及侍从官宅，以供南北往来的官吏旅宿。南宋后期，淳祐四年（1244），临安知府赵与葱在候潮门内还增设了防虞火灾的士兵，"元额一百二人"，以遏制该地区日益严重的消防隐患。[1]

保安门　据《淳祐临安志》卷五载："保安门，旧名小堰门。"吴越国时期，曾于此置堰，隔绝江水，不使放入城中，故称小堰门。北宋时期，苏轼在《申三省起请开湖六条状》中说："父老皆言：'钱氏有国时，郡城之东有小堰门。既云小堰，则容有大者。昔人以大、小二堰隔截江水，不放入城。'"南宋初，增筑临安外城，对小堰门重新予以修葺，改名为保安门。保安门所处地理位置十分重要，南宋时期，主管商贸的机构就设置在这里。[2]由于往来人数众多，且舟车不息，因此保安门旁建有"小堰门瓦子"[3]。

新开门　新开门又称新门，《乾道临安志》《淳祐临安志》《咸淳临安志》中都有将新开门称为新门的例子。新开门内不远处，有宋高宗禅让后的寝宫德寿宫。宋高宗死后，宪圣皇太后继续在此居住。新开门外修有皇家园林富景园，还有临安府较大的一条河流菜市河，由于水运陆路交通方便，商贸往来频繁，因此这里建有大规模的水产品市场，也是大米的批发中心，在新门外还建有新门瓦。[4]

崇新门　崇新门俗呼荐桥门，因与荐桥相对得名，始建于南宋绍兴二十八年（1158）增拓临安外城时。崇新门内荐桥附近曾修建有诸多皇后宅第，如宋高宗生母显仁韦太后宅"在荐桥东。咸淳五年（1268）十月，朝廷以中兴母后

［1］　[宋]施谔：《淳祐临安志》卷五七《武备·军营（兵籍附）》，载《浙江宋元方志集成》，第2册，杭州出版社，2009年，第1009页。

［2］　[宋]吴自牧：《梦粱录》卷九《监当诸局》，浙江人民出版社，1984年。

［3］　[宋]潜说友：《咸淳临安志》卷一九《疆域四·市》，第2册，浙江古籍出版社，2012年，第558页。

［4］　[宋]潜说友：《咸淳临安志》卷一九《疆域四·市》，第2册，浙江古籍出版社，2012年，第559页。

之家，恩例视开国昭宪杜太后，拨降钱米，令临安府重修家庙"。在荐桥南，建有宋高宗原配夫人宪节邢皇后宅和高宗吴皇后宅。[1]

崇新门内外驻扎诸多南宋军士，城外也有不少寺庙。这里坊巷密布，有临安城规模较大的菜市、蟹行，也是米行的集中地。[2]由于店铺林立，所以临安府在此设立税务机构，称"红亭税务"。在崇新门外章家桥南，建有荐桥门瓦。为加强对该地区的治安管理，乾道三年（1167）在崇新门外马婆巷设置了城东都巡检使司。

东青门 东青门俗呼菜市门，因为东青门外有大面积菜地，而且东青门外坝子桥附近是临安城蔬菜集散中心之一。南宋绍兴二十八年（1158）在此修建城垣，于今庆春路与东清（青）巷相交处建东青门。

东青门是一座瓮城，那一带是军事重地，东青门内外驻扎多支军队。[3]这里有春、秋二阅教场，位于东青门内褚家塘北，人称"殿前司后军教场"。东青门一带还有诸多粮仓，如丰储仓、咸淳仓等。东青门周围区域有菜市瓦。宋廷还在此设置了茶漕巡检司，负责缉捕盗贼、盘诘奸伪之事，"元额管土军一百二十人"[4]。东青门附近还建有宋廷的礼制建筑九宫贵神坛和海神坛，九宫贵神坛"岁祀九宫贵神"。海神坛建于淳祐十二年（1252），"在东青门外太平桥之东"[5]。

艮山门 艮山门始建时间无考，大约是南宋高宗绍兴年间（1131—1162）所建。

艮山门是一座瓮城，城门内外驻扎有军队，如艮山门外，有"选锋步军四寨（教场在圣妃庙东寨内）"；艮山门里，有"后军步军四寨（教场在褚家塘

---

[1] [宋]潜说友：《咸淳临安志》卷一〇《行在所录·诸后宅》，第1册，浙江古籍出版社，2012年，第391页。

[2] [宋]潜说友：《咸淳临安志》卷一九《疆域四·市》，第2册，浙江古籍出版社，2012年，第559页。

[3] [宋]周淙：《乾道临安志》卷一《军营（兵籍附）》，第1册，浙江人民出版社，1983年，第26—27页。

[4] [宋]周淙：《乾道临安志》卷一《军营（兵籍附）》，第1册，浙江人民出版社，1983年，第26—27页。

[5] [宋]潜说友：《咸淳临安志》卷四《行在所录·郊庙》，第1册，浙江古籍出版社，2012年，第297页。

侧）"[1]。艮山门附近河流交汇，交通比较便利。"后沙河，在艮山门外坝子桥北"[2]，在那里修建有仓场、盐事所，如都盐仓。在艮山门外去县四里处，还有范浦镇市。此外，艮山门外还建有艮山门瓦。

南水门、北水门 南北水门在临安外城诸门中功能比较简单，为平屋形式。北水门沟通城内河流与城外运河贴沙河，南水门则贯通龙山河与皇城内的河流。据《咸淳临安志》卷三五《城外运河》载："龙山河，南自龙山浑水闸，由朱桥至南水门。"龙山河在北宋时期还发挥着比较重要的商贸物资运输功能。南宋时期，考虑到龙山河与皇城内河流相通，为安全起见，南水门的水下安装了铁栅栏，不能泅渡潜入，更不要说通航。

保安水门 保安门是一座旱门，原来门内不通水路，后为解决城外运河从门南端流入城内的问题，在保安门南端修建了水门，名为保安水门。从此，城外东南部的河流经保安水门入城。据《梦粱录》卷一二载："茅山河，东自保安水门向西，过榷货务桥转北，过通江桥。"《咸淳临安志》卷三五《城外运河》载："运河，南自浙江跨浦桥，北自浑水闸、萧公桥、清水闸、众惠桥、椤木桥、朱家桥，转西由保安闸至保安水门入城（土人呼城外河曰贴沙河，一名里沙河）。"浑水、清水、保安三闸不仅调蓄钱塘江与运河水位，而且也是沟通钱塘江水运与城内水运的交通要塞。

（二）钱塘门遗址的考古发现

南宋临安城皇城城门和南宋临安城外城的城门地面建筑均没有保存下来。2008年，考古调查发现了古钱塘门遗址。同年9月，在湖滨六公园湖畔居一带进行考古挖掘，经过一个多月的发掘工作，钱塘门遗址基本被揭露。考古发现的南宋钱塘门遗址位于今湖滨路与庆春路交叉口的六公园内，西距西湖数十米，发现了门道侧壁、侧道、城墙夯土等遗存。此次考古发掘，确定了钱塘门

---

[1] [宋]潜说友：《咸淳临安志》卷一四《行在所录·禁卫兵》，第1册，浙江古籍出版社，2012年，第463页。

[2] [宋]潜说友：《咸淳临安志》卷三六《山川十五·溪》，第2册，浙江古籍出版社，2012年，第732页。

的具体位置，为研究南宋临安城城市布局与沿革提供了一个重要参考点，为我们了解南宋时期的城门结构提供了可靠的实物资料，为探讨钱塘门始建年代、建筑技术等提供了重要实物资料。现建有保护、展示设施，陈列展示古钱塘门遗址。

该城门遗址包括门道、门洞侧壁基础、城墙夯土等。门道近东西走向，宽3.95米，路面由长方砖横向错缝侧砌而成，路基由黄褐色土夯筑，质坚硬，路基上有一层较薄的石灰面，以利路面铺砖。两侧洞壁基础揭露东西长均约3.25米，南北宽约1米，残存紫砂岩质或灰白色水成岩质条石残块，条石上皮略高于门道路面。城墙夯土为灰褐色、黄褐色黏土，内掺入少量碎石、砖块、瓦砾等，分层夯筑，质坚硬。

钱塘门遗址未发现较大的柱础坑及柱础石，可知城门是用砖石券顶砌成（外观类似拱门形），并非使用宋代以前常用的排叉柱的建筑技术。所谓排叉柱即下面是一排石头，石头上再竖木柱子，外观类似"圭"形。

南宋时西湖在城外，钱塘门遗址的考古发现为南宋临安城的西墙位置提供了可靠的实物依据。

皇家气派

南宋建炎三年（1129），宋高宗巡幸杭州，升杭州为临安府。绍兴八年（1138）定都临安，称"行在所"。南宋皇城的兴建始于绍兴元年（1131），绍兴八年正式定都临安后开始大规模修建南宋皇城。至宋高宗晚年绍兴三十二年（1162），南宋皇城修建完成，并以其独特的布局载誉史册。

一、南宋皇城一带的历史沿革

（一）南宋皇城的沿革

南宋皇城位于今杭州城南凤凰山麓。隋朝开皇十一年（591），杨素依凤凰山筑杭州城。五代吴越王钱镠在隋唐州治基础上扩建王宫，内修子城（宫城），外筑罗城（都城），这也是杭州历史上第一次成为都城。至今凤凰山周围仍保留有多处吴越国时期的遗存，比较知名的有排衙石及吴越国王钱镠七言诗并序石刻残文。北宋太平兴国三年（978），吴越国"纳土归宋"，杭州成为

1995年南宋太庙遗址全貌

北宋属地，仍以凤凰山麓为州治。

南宋建炎三年（1129），宋室南渡，升杭州为临安府。从绍兴初年起，开始以凤凰山麓的北宋州治为基础，扩建皇城，经南宋诸帝的扩建和改建，形成了"皇城九里"的宏大规制。绍兴八年（1138）南宋正式定都临安，绍兴十二年（1142）修建了大庆殿和垂拱殿，后又增筑皇城东门之外城。根据《武林旧事》的记载，南宋皇城共有大殿三十座，堂、楼、阁、台、亭等百余座。整个皇城充分利用山势，精心布局，史称"南内"。

绍兴三十二年（1162）宋高宗禅位后，将秦桧旧第改建为德寿宫，作为太上皇的居所，史称"北内"，由此形成了南内与北内并存的局面。

此外，宋朝有为皇族后族兴建宅第的传统，即由朝廷出面，为皇后及其亲属兴建宅第。仅《咸淳临安志》记载的皇后、皇太后宅就有10余座。其中，恭圣仁烈皇后宅在2001年被发现，入选当年的"全国十大考古新发现"。

咸淳四年（1268），宋度宗将北内的部分宫殿改为"宗阳宫"，其余部分改为民居。德祐二年（1276），元军接收临安城。至元十四年（1277），大内宫殿被火焚烧。至元二十一年（1284），僧人杨琏真珈奏请在南宋皇城基础上修建五寺一塔。至正十九年（1359），张士诚重修杭城城垣，"截凤山于外，络市河于内"，原南宋皇城南内被拒于城门之外。至明万历年间，南宋皇城地面建筑基本消亡，主要宫殿遗址深埋地下。

（二）南宋皇城的兴衰

1. 南宋皇城的选址

南宋皇城选址于凤凰山麓，因为这里是五代吴越国的子城，北宋时期一直作为杭州州治，有一定的基础。明田汝成撰《西湖游览志》卷七记载："唐宋以来，州治故在凤凰山下，南渡驻跸，因以为行宫。"[1]

传说宋高宗赵构与群臣在杭州四处考察选址时，曾一度打算在今杭州西溪、留下等地修建宫城。关于皇城选址，《西湖游览志》卷十记载了这个传说："相传宋高宗初至杭时，以其地丰厚，欲都之，后得凤凰山，乃云：'西溪且留下。'"清光绪《钱塘县志》转载了这个说法，并略有增添："宋建炎三年七月，高宗南渡，幸西溪，初欲建都于此，后得凤凰山，乃云：'西溪且留下。'"这一说法仅是传说。据南宋《咸淳临安志》载："大内，在凤凰

南宋皇城北城墙遗址

---

[1]　[明]田汝成：《西湖游览志》卷七《南山胜迹》，上海古籍出版社，1958年，第78页。

山，即杭州州治。建炎三年二月，诏以为行宫。"建炎三年（1129）二月，凤凰山已经被赵构定为"行宫"，当时宋高宗"自扬州幸杭州"，他第一次到杭州就已经住在凤凰山"行宫"了，并无后来的"西溪且留下"一说。

2. 南宋皇城的修建

（1）草创阶段

临安城皇城的草创阶段为绍兴元年（1131）至绍兴七年（1137），即绍兴八年（1138）南宋正式定都杭州之前。建炎三年高宗自扬州逃至杭州，以北宋杭州州治为行宫。这一阶段南宋升杭州为临安府，完成了临安府行宫的修建和皇城南内的选址，完成了部分主体建筑的建设以及功能分区，诸如分设南北行宫门、南朝北寝的布局等。此时行宫处于草创阶段，十分简陋。

南宋临安府行宫草创阶段，从文献记载来看，建筑规格、宫殿数量、技术工艺等方面都力求俭省，不事奢华。《咸淳临安志》记载："绍兴元年十一月，诏守臣徐康国措置草创。有旨'不得华饰，仅蔽风雨足矣。未暇丹腹，亦无害'。时修内司乞造三百间，诏减二百。"[1]《宋会要辑稿》对此事也有详细记载："绍兴元年十一月六日，三省言：'徐康国权知临安府，措置移跸事务。令具到行在百司局所。'诏宜措置，随宜擗截，不得骚扰。仍其已擗截处所，画图申尚书省。八月，诏：'已降指挥。移跸临安府，可差内侍杨公弼前去，与徐康国同措置擗截行宫，务要简省，更不得华饰。'"为避免修内司在实际修筑中擅自高标准地建造行宫，"十九日，宰臣奏擗截行宫文字，上曰：'面饬杨公弼，止令草创，仅蔽风雨足矣。椽楹未暇丹腹，亦无害，或用土朱亦可。'"临安府行宫规格远比北宋汴京（今河南开封）要低，甚至有些简陋寒酸："绍兴初，高宗自越复还临安，命有司裁为行宫，百楹而已。盖上日所御殿，茅屋才三楹。"《三朝北盟会编》云："车驾幸临安府，是时百司官府皆草创，往往草舍。"[2]

---

[1]　[宋]潜说友：《咸淳临安志》卷一《行在所录·大内》，第1册，浙江古籍出版社，2012年，第270页。

[2]　[宋]徐梦莘：《三朝北盟会编》卷一五〇，绍兴二年正月条，上海古籍出版社，1987年，第1086页。

行宫南门建造于绍兴初年，绍兴二年（1132）七月八日，尚书省奏言："行宫南门添置楼屋一所，已令临安府修盖，相次了毕。所有牌额，乞下所属书写。"宋高宗诏令临安府书写，仍以"行宫之门"四字为名。行宫南门投入使用之后，一些细节方面的弊病逐渐显露。绍兴三年（1133）正月十六日，中书门下省奏言："勘会行宫南门里并无过廊，百官趋朝，冒雨泥行。"南方的冬天寒冷濡湿，如果再加上雨雪天气就更加恶劣，对于从北方来的文臣武将尤其是年老体弱的大臣，是相当难以忍受的事情。朝廷不得已再兴土木，"诏令梁汝嘉同修内司官就东廊旧基营盖"。

为保障皇城安全，绍兴三年十二月九日，宋廷下诏："宫墙底小却薄，不足以限制内外，令修内司使相度帮贴砌垒，其合用工料砖灰，具申尚书省。"[1]

（2）增展阶段

南宋皇城的增展阶段，主要是从绍兴八年（1138）至绍兴三十二年（1162），即宋高宗定都临安至孝宗即位之前。宋高宗时期南宋皇城的建设与南宋政治形势密切相关，其中与皇城建设关联较大的事件主要有绍兴八年、绍兴十一年（1141）的两次宋金和谈，以及绍兴三十二年的宋高宗禅让帝位。

绍兴八年宋金和谈成功，宋高宗颁诏确立临安府为驻跸之地，临安城成为南宋实际意义上的都城。"绍兴八年三月，移跸临安府，下诏曰：'既已申固边围，奖率六军，是故复还临安，内修政事，缮治甲兵，以定基业，非厌霜露之苦而图宫室之安也。故兹诏谕，想宜知悉。'"行宫的营建工程得到宋高宗认可，但行宫南北大门的名称迟至绍兴十八年（1148）才予以更改，此前一直以行宫之门为名。随着临安府升为行在所，它与建康府行宫已经具有本质差别。

和谈中金国允诺遣返宋高宗生母韦太后，宋高宗遂诏令修建皇太后殿。史载："王伦之归，以和好可成，故地可复，皇族可归，上自一人，下逮百执事，皆有喜色。"[2]绍兴九年（1139）正月开始修建慈宁殿，修内司承受提辖王晋锡上奏："奉旨于内中修盖皇太后殿门廊一所，令踏逐直笔内省事务承庆

[1]　[清]徐松辑：《宋会要辑稿》方域二之一一，第15册，上海古籍出版社，2014年，第9287页。

[2]　[宋]李心传：《建炎以来系年要录》卷一二三，绍兴八年十一月庚子条，中华书局，2013年，第1989页。

院屋宇地步可以修盖。"宋廷下令根据修内司的规划设计，由临安府采办需要的工料，并由修内司予以修建。慈宁殿修盖了将近10个月，十一月八日，宋高宗"亲书慈宁宫殿四字，并臣名恭书四字，降下本司造牌择日安挂"[1]。尽管此时的南内依然比较粗疏简陋，但是其南宫北寝之布局已经确立，皇帝、皇后、皇太后寝殿完成规划建设。

绍兴十一年（1141），第二次宋金和谈达成，更大规模的宫殿建设由此铺陈开来。据《舆地纪胜》记载：绍兴"和议成，乃作太社太稷、皇后庙、都亭驿、太学，十三年筑圜丘、景灵宫……大凡定都二十年，而郊庙、宫省始备焉"[2]。"绍兴十二年三月八日，诏令临安府于城内择地，依礼制建筑社稷坛塘，并修盖行事官致斋所，亦随宜修盖。"《建炎以来朝野杂记》也有记载："（绍兴）十二年，和议成，乃作太社太稷、皇后庙、都亭驿、太学。"与临安城内其他礼制建筑的蓬勃兴建一样，皇城内也大兴土木。绍兴十二年（1142），南宋皇城修建了大庆殿和垂拱殿两座大殿。"（绍兴）二十八年，

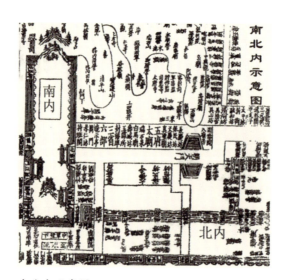

南北内示意图

---

[1]　[清]徐松辑：《宋会要辑稿》方域二之一一，第15册，上海古籍出版社，2014年，第9289页。

[2]　[宋]王象之：《舆地纪胜》卷一《行在所建都制度沿革》，《续修四库全书》第584册，上海古籍出版社，2002年，第15页。

增筑皇城东门之外城。于是时禁中已复营祥曦、福宁等殿，苑中有澄碧、观堂、凌虚阁等，而上又自作复古殿、损斋，实所常御也。"[1]

绍兴三十二年（1162），宋高宗禅让帝位。他没有于南内择地另建太上皇宫殿，而是搬出南内，将秦桧旧第改建成德寿宫作为太上皇宫。"德寿宫在望仙桥之东。绍兴三十二年六月四日，奉圣旨，以德寿宫为名。是月十一日，光孝寿圣太上皇帝降诏，退处是宫。其日，今上皇帝登宝位。"由此，南宋皇城格局发生变化，出现南北两大内的局面。《宋史》曰："德寿宫在大内北望仙桥，故又谓之北内。"[2]

（3）维持阶段

宋孝宗以后南宋诸帝对皇城宫殿"罕所增益"，对皇宫的建设基本处于维持阶段。据史料记载，宋孝宗以后只有少部分宫殿楼阁进行过改建和扩建，其中建筑扩建改动较大的部分基本集中在东宫区域。

南宋末期，由于宋度宗于咸淳四年（1268）将北内的部分宫殿改为宫观宗阳宫，并将其余部分改为民居，至此南宋皇城南北内并存的特殊格局结束。"盛夏，建宗阳宫，坏徙民居，畿甸骚然。文仲疏谏：'移闾阎之聚，为香火之庭，不得为善计矣。陛下绍祖宗之位，岂以黄、老之居为轻重哉。'翼日面奏，益恳至，丞相贾似道怒曰：'杨文仲多言！'"[3]

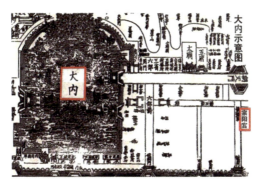

南宋末期临安城大内示意图

[1]　[宋]李心传：《建炎以来朝野杂记》甲集卷二《今大内》，中华书局，2013年，第67页。
[2]　[元]脱脱等：《宋史》卷一五四《舆服六》，中华书局，1976年，第3598页。
[3]　[元]脱脱等：《宋史》卷四二五《杨文仲传》，中华书局，1976年，第12686页。

二、南宋皇城的概况：今日可寻访到的遗迹

凤凰山上今日尚存部分被认为是南宋时期的遗迹，现将凤凰山调查中所见遗迹简要介绍如下。

在唐圣果寺遗址附近留有大量题刻，其中有据说是宋高宗手书的"忠实"题刻，以及南宋淳熙十四年（1187）王大通书"凤山"题刻等。

宋高宗"忠实"题刻

"凤山"题刻

凤凰山上的月岩在圣果寺以西，遗迹今日尚存。据说月岩在南宋时期是宫廷禁苑赏月之处，每年的八月十五中秋之夜，月亮刚好穿过崖上的圆洞，将清辉投向岩下的林地，而其他时间便不会有此景观。月岩与平湖秋月、三潭印月并称昔日杭州的三大赏月胜地。南宋时期，圣果寺已经迁徙，此地实际上成为殿前司驻扎的军事重地，能够来此开怀赏月、把酒临风的自然也不是普通人。据《梦粱录》载，山之上为月岩，有亭匾曰"延桂"[1]。而《武林旧事》中记载禁中赏月时提及此地名："禁中是夕有赏月延桂排当。"[2]"大抵内宴赏，初坐、再坐，捕食盘架者，谓之'排当'。"南宋留有许多吟咏月岩的诗词，赵善括的"新月巧穿山，桂树影高群木"，可谓最形象。

月岩细部

月岩全景

---

[1] [宋]吴自牧：《梦粱录》卷九《三衙》，浙江人民出版社，1984年，第79页。
[2] [宋]周密：《武林旧事》卷二《赏花》，中华书局，2007年，第36页。

南宋灭亡以后，历代都有人慕名前去观赏月岩，留下了很多优美的诗篇。宋末元初文人陈天瑞吟咏月岩的佳句"怪石堆云蠹大空，女娲炼出广寒宫"刻石字迹，至今依稀可辨。陈天瑞，字德修，浙江临海人，咸淳五年（1269）中进士，知金华县，有能名，师事王柏，宋末隐遁林壑，诗文极高古，有文集。《月岩》诗估计是他在元朝时来此凭吊怀古南宋遗迹，触景生情之作。

三、南宋皇城遗址的考古发掘

考古调查基本确定了南宋皇城南内的四至范围，但尚未对南宋皇城遗址进行大面积的发掘揭露。20世纪80年代以来，杭州市文物考古所工作人员对皇城遗址进行了十多次考古发掘，为了解皇城的范围、宫内格局等方面提供了大量的考古实物资料。现将历年来有关南宋皇城遗址的考古发现情况归纳如下。

（一）城墙、城门及护城壕遗迹

南宋皇城有"皇城九里"的记载，其四至范围为"南自胜果入路，北则入城环至德天俤地牌坊，东沿河，西至山岗，自平陆至山岗随其上下，以为宫殿"。宋人赵彦卫云："所谓余杭之凤凰山，即今临安府大内丽正门之正面案山。山势自西北掀腾而来，至此山止，分左右二翼。大内在山之左腋，后有山包之。"[1] 20世纪80年代以来的考古调查和发掘陆续确定了南宋皇城北城墙、东城墙和西城墙的位置所在。1996年对浙江省军区后勤部仓库招待所基建工地的发掘，最终确定了南宋皇城南城墙的位置。

东城墙位于馒头山东麓的中河高架路西侧，其南段地处馒头山路西侧的断崖上。长约390米，宽8.8—12米，距地表深0.4—1.2米，厚0.55—1.7米，夯层0.15—0.3米。城墙由黄褐色、浅棕黄色和浅灰褐色等夯土构成，每层夯土中均夹有砖瓦碎片。

西城墙地面建筑现已不存，在对城墙四至的考古试掘中，仅发现西墙南段的一小段残迹。这一段遗迹长约100米，宽10—11米，现存高度1.79—1.84米，

---

[1] [宋]赵彦卫：《云麓漫钞》卷三，中华书局，1998年，第47页。

夯层厚0.06—0.2米不等。西墙南段与南墙衔接，构成了近直角的皇城西南角，拐角处向北经宋城路105号住宅之东侧，北端抵达凤凰山南麓的陡坡。皇城西墙南端的考古发掘发现一处宽度约18米的缺口，缺口两侧的夯土宽20余米。西墙内侧残存有城墙包砖。西宫墙缺口附近可能是宫城西华门的位置所在。

皇城西城墙内侧包砖

由于皇城西城墙绝大部分墙体的具体走向有待考古发掘予以证实，加之文献资料语焉不详，关于城墙走向的判断，众说纷纭，莫衷一是，但是对于南宋皇城西城墙很可能并未全部用砖石闭合，一部分利用了凤凰山陡峭山体的判断则较为一致，至今尚存的一处遗迹可作证明。我们于2012年5月前往凤凰山实地调查，过五代圣果寺遗址再向上攀爬，在一镌刻"归云"二字的山洞附近找到"皇宫墙"题刻（也有称为"白玉宫墙"，但我认为"皇宫墙"的说法更为合理）。

明朝文人浦枋君在《游明圣湖日记》中记载："至圣果寺，可望江，雅秀仿佛灵岩。拂石而坐，清风落袖，岚气袭人。其左右石上刻'忠实'二大字，宋思陵（宋高宗赵构）笔也。忠实亭在通明洞之前，又有'凤山'两大字，宋人王大通书。过天门洞，近洞有听讲石、天梯石。再上有许僧泉，上有石窝。

“白玉宫墙”题刻　　　　　　　　　　　　“白玉宫墙”题刻附近的陡峭山体

再上为白玉宫墙，外列鼎狮、香象二石，色莹润，望之如琼楼玉宇。”[1]这则文献中提到的“皇宫墙”在今人论著中也有提及，但对于释读为“皇宫墙”还是“白玉宫墙”，观点并不统一，一般认为这一带有可能是南宋皇宫墙界。这一带山石陡峭，“皇宫墙”题刻南面不到两米便是几米高的陡峭山崖，的确可以作为防御的天然屏障。

　　皇城南墙与西墙结合点已经考古发掘查明，依自然山体作为皇宫墙的部分地段也可从实地探知。另据文献记载并结合《皇城图》可知，皇城西墙一部分以八盘岭为界，“八盘岭，在今大内后”[2]。元代王冕游凤凰山，曾作《八盘岭》一首：“路绕危垣上，风高松桧鸣。花飞殊失意，草长不知名。游客咨遗俗，居民指旧京。浮图起天末，瞻望忽伤情。”此诗歌内容亦可证明，八盘岭以东即是“旧京”，也就是南宋故都所在。

　　南城墙大部分与宋城路平行，在今宋城路98号处转向西，大体沿凤凰山山势修建。长约600米，宽9—14米，夯土厚0.5—2米不等。皇宫南墙东端位于南

[1]　[明]浦枋君：《游明圣湖日记》，广陵古籍刻印社，1985年，第11页。
[2]　[宋]潜说友：《咸淳临安志》卷二八《山川七·岭》，第2册，浙江古籍出版社，2012年，第659页。

星桥火车站机修厂院内，从这里可以和皇宫东墙连接起来。

　　北城墙位于万松岭路以南、凤凰山北侧余脉的山脊上，在万松岭路南、市中药材仓库西侧有一小段皇城北墙遗存。长约710米，宽约11米，距地表0.2—0.8米，厚0.7—2.7米，夯土宽度约为11米，内侧包砌石块。其东段发现于万松岭路南、市中药材仓库西墙外西侧，现地面上尚有残存。这里的夯土保存较好，城墙夯土宽度约为11米。北墙向西延伸到通往凤凰亭岔路附近的陡坡，城墙沿自然山脉走向，其两端已经呈东北—西南向，与凤凰山形成围合之势。

皇城北墙内侧包砌砖块

皇城北墙东段（中药材仓库西侧）

南宋皇城北城墙

　　皇城南城墙外侧有护城壕，北城墙和西城墙采用人工夯筑与自然山体相结合的建造方式，充分利用自然条件构筑皇城防御设施。[1]皇城南墙、西墙外侧有具备城壕功能的排水沟，水沟宽15—20米，距离地表1.0—1.5米，深超过4.5米，距离宫墙12米左右。值得注意的是，在皇城北墙外侧，即今老虎洞窑址下

　[1]　杭州市文物考古所：《南宋太庙遗址》，文物出版社，2007年，第5页。

方也有东西向的水沟，可能也具有城壕的功能，老虎洞窑址在皇城范围以外。

为了寻找皇城的城门，考古工作者们做了很大的努力，其中1987年对万松岭北侧杭州卷烟厂基建工地的考古发掘和1996年对浙江省军区后勤部仓库基建工地的发掘，基本确定了南宋皇城的南门与北门的位置。

和宁门 1987年，对万松岭北侧杭州卷烟厂基建工地进行抢救性考古发掘，发掘面积600平方米。此次发掘清理出了一处御道遗迹，残长60米，宽约15.3米。路面由香糕砖错缝侧砌而成，道路两侧置散水。此处御道做工考究，规格极高，结合现存于万松岭南侧的北城墙的位置，可以确定这条御道是南宋时出入皇宫北宫门即和宁门的主通道。这次考古发掘确定了皇宫北门和宁门的位置，其大致位置在今万松岭路与凤凰山脚路交会处以南约100米处。

丽正门 1996年，在对浙江省军区后勤部仓库基建工地的发掘中，发现了一处南宋时期砖砌道路遗迹，揭露长度25米，残宽8.2米，保存较好，全部用相同规格的香糕砖和长方形青砖砌筑而成。道路中央为宽3.16米的主道，主道外侧用两列香糕砖纵向错缝侧砌，与辅道分隔。辅道单侧宽2.5米，辅道外侧再用规整的石条包边。砖道外侧另有水沟。这次发现的南宋砖砌道路保存较好，砌筑十分考究，规格较高。根据道路的走向并结合以往的考古调查，确定了这条砖道是南宋时由皇城宫殿区出入南宫门即丽正门的主通道。此次发掘还确定了考古界寻找了几十年的南城墙的位置，即位于今宋城路一线。根据南城墙的位置以及该处通往丽正门的道路遗迹，确定了皇城丽正门（正门）位于今宋城路与笤帚湾交叉口西侧约40米处。此次发掘意义重大。

丽正门砖砌道路遗迹

西华门 在皇城西墙的调查发掘中，在西城墙上发现了一处宽度约18米的缺口，缺口两侧的夯土宽20余米。西墙内侧残存有城墙包砖。据推测该缺口处就是西华门所在地，其大致位置在丽正门以西不远处，今宋城路西段与凤凰山南麓交汇处，即宋城路98号附近。

西华门地面现状

历年来对南宋皇城城墙与城门遗址的考古发掘，基本可以确定南宋皇城的大体范围。南宋皇城南内遗址范围东至馒头山东麓，西达凤凰山，北至万松岭路南侧，南至宋城路一带。皇城东西直线距离最长处约800米，南北直线距离最长处约600余米，呈不规则长方形。

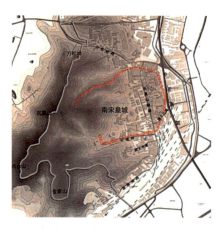

南宋皇城遗址范围示意图

（二）建筑遗迹

1988年，在对市中药材仓库基建工地的考古发掘中，发现了一处南宋时期的建筑遗迹，清理出砖铺地面、石柱础以及夯土台基等遗存，出土了大量南宋时期的青瓷、青白瓷和白瓷等，分属龙泉窑、景德镇窑、定窑等窑口。另外还出土了砖、瓦、莲花瓦当等建筑构件。

中药材仓库发现的南宋建筑遗迹

1989年2月，对凤凰山小学基建工地进行考古发掘，发掘面积约200平方米，发现了大型夯土台基和砖砌道路等南宋遗迹，出土了大量南宋时期各大窑口生产的青瓷、影青瓷、黑瓷、白瓷等瓷片，以及莲花瓦当、鸱吻等建筑构件和铸权陶范等。这次发掘位置较靠近南宋皇城中心地区，清理出的大型夯土台基等遗迹应该属于皇城内一处宫殿建筑。

凤凰山小学发现的南宋夯土台基

1992年，在浙江省军区后勤部仓库被服厂前清理出两座大型夯土建筑基址，两建筑间有水沟相连。台基外侧用砖墙包砌，大部分的侧面有模印文字，其中有"大苑"字样。

1993年，在馒头山上的市气象局基建工地清理出一处南宋遗迹。由于馒头山地势高，遗迹埋藏浅，距地表深仅0.5米，保存相当完好，清理出大型建筑的砖砌地面、石柱础、花坛等遗存。这次考古发掘更正了以往学术界认为馒头山是南宋御花园，不存在大型殿宇的观点。但由于受发掘面积限制，该遗迹的功用尚不能确定。此次发掘在南宋层之上还清理出了一处元代的夯筑遗迹，该遗迹由厚约5厘米的黄土、砖瓦相间层层夯筑而成，残存3—4米高。这次发掘的地点与吴山遥相呼应，结合文献记载分析，这次发现的夯筑遗迹应该与元代镇南塔有关。据说，元大军南下灭掉南宋以后，南宋宫室被焚过半，残余部分改建为寺庙，南宋六陵也遭受毁灭性破坏。不仅如此，陵中尸体还被元朝统治者拖出鞭打一气，并与牛、羊等牲畜骨骸一起掩埋，在埋骨处专门造一座塔加以镇压，元朝统治者想借此使宋朝永不翻身。镇南塔是民间的俗称，文献记载该塔为尊胜塔。

尊胜塔遗迹

2004年，在位于凤凰山脚路两侧的浙江省军区后勤部综合仓库院内进行的勘探工作中，发现了夯土台基若干处，其中较大的夯土台基五处、水池遗迹三处，夯土质量较高，保存较好。推测皇城的主要宫殿区位于这一带，五四中学与市中药材仓库一带为皇宫的后宫区，因而南宋皇城基本符合"前朝后寝"的布局惯例。

皇帝家庙

　　太庙是皇帝祭祀先帝的宗庙。每一朝皇帝都十分重视"孝道"以稳固政权，自周至明清，历朝都建有太庙。按周制，太庙位于宫门前左侧，每庙一主。据文献记载，历代太庙数为：夏五庙，商七庙，周七庙。汉代，不仅帝王宗室在京城立庙，各郡国也相继立庙。自魏、晋开始由每庙一主变为多室多主，[1]一座太庙中分若干室，每室供奉一位祖先。从汉代开始，供奉祖先时另以功臣配享，明清也沿袭此制。古人有"匠人营国，方九里，旁三门。国中九经九纬，经涂九轨，左祖右社，前朝后市，市朝一夫"[2]。可见，祖庙和社稷坛在古代都城建设中有着十分重要的地位。南宋太庙遗址位于杭州市上城区紫阳山（南宋时称为瑞石山）东麓，东临中山南路，北至大马巷北端、城隍牌楼巷这一条巷道，南有紫阳小学，中河隔中山南路与之相望，总面积约3万平方米。

---

[1]　[宋]马端临：《文献通考》卷九一《宗庙考一》，中华书局，2011年，第2777页。
[2]　[汉]郑玄等：《周礼注疏》卷四一，中华书局，1980年，第927页。

一、南宋太庙的兴衰

"靖康之变"后不久，宋高宗于建炎元年（1127）遣徽猷阁待制孟忠厚迎奉太庙神主赴扬州行在所。[1]建炎二年（1128），奉太庙神主于扬州寿宁寺。因宋军节节败退，扬州很快就受到袭扰。建炎三年（1129）春二月，"游骑至瓜洲，太常少卿季陵奉太庙神主行，金兵追之，失太祖神主"[2]。建炎三年，宋高宗幸杭州，太庙神主奉安于温州。温州太庙建成后，不断有神主衬入。绍兴元年（1131）六月，"衬昭慈献烈皇后神主于温州太庙"[3]。在临安太庙尚未建立时，神主奉安在温州太庙，朝廷派官员前往行礼。

（一）南宋太庙的兴建

南宋太庙始建于宋高宗绍兴四年（1134）。宋王应麟《玉海》卷一《行在所》载："绍兴四年，高宗在平江（今江苏苏州）将还临安，始命有司建太庙。"绍兴五年（1135）太庙建成，"在瑞石山之左。绍兴四年，诏守臣梁汝嘉造，用太常少卿江瑞友之请也。正殿七楹分十三室（祖宗室十一，夹室二）。五年四月权太常少卿张铢奉迎神主至自温州"[4]。先有太庙，后有临安府定都，说明南宋皇帝对先帝的重视。

绍兴七年（1137），因高宗移跸建康而将太庙神牌迁往建康。临安太庙旧

[1] [元]脱脱等：《宋史》卷二四《高宗一》，中华书局，1976年，第449页。
[2] [元]脱脱等：《宋史》卷二五《高宗二》，中华书局，1976年，第460页。
[3] [元]脱脱等：《宋史》卷二六《高宗三》，中华书局，1976年，第490页。
[4] [宋]周淙：《乾道临安志》卷一《行在所·宗庙》，第1册，浙江人民出版社，1983年，第8页。

址被改名为圣祖殿。绍兴七年（1137）十二月，高宗将太庙神主从建康迁回临安，圣祖殿复名为太庙。绍兴八年（1138），宋高宗颁诏确定临安府为行在所，成为事实上的都城，临安府所建赵氏祖庙作为南宋太庙的地位得以最终确立。

（二）南宋太庙的修缮

太庙自建成以来，一直承担着繁重的朝廷祭祀活动，其中尤其受到朝廷重视的是朝飨之礼，每年四孟（每季的第一个月）和季冬（冬季的最后一个月）都要举行朝飨太庙的隆重祭礼，即"五享"。

频繁的祭礼和隆重的礼节使草创的太庙不敷所用，为此，绍兴十六年（1146）首开扩建太庙的先例。《咸淳临安志》记载："（绍兴）十三年礼部太常寺修立郊祀……十六年用给事中段拂请，厘正礼器，而室隘不可陈列。监察御史巫伋请增建庙宇，乃从西增六楹，通旧十三楹，每楹为一室，东西二楹为夹室，又增廊庑，作西神门、册宝殿、祭器屋、库屋。"[1]数以千计的祭器制作完毕，太庙虽有七楹十三室，还是因殿室狭窄而不能将祭器全部陈列进去，监察御史巫伋请增建庙宇，于是又扩建"六楹"。每楹为一室，东西两楹为夹室。同时又增建廊庑、西神门、册室殿、祭器库等。至此，太庙规模得到显著扩大。修缮之例一开，此后历朝屡有增修。

绍兴十九年（1149）建斋殿。绍熙五年（1194）在太庙诸室西建了四祖庙，奉祀僖祖、顺祖、翼祖和宣祖。庆元五年（1199）六月，庙中珍藏金器被盗。绍定五年（1232）又令太庙四周的居民宅舍拆搬他处，并将行在粮料院、白马神祠等机构迁出，进一步依山拓展太庙。咸淳元年（1265）添置理宗皇帝室，又建"二成六台，为祀官升下以奉神主出入之地"。

南宋一朝，太庙曾多次遭遇雷击火毁。"（淳熙）十六年七月乙丑，大雷震太室斋殿东鸱吻……（嘉定）五年七月戊辰，雷雨震太室之鸱吻"[2]。火灾

---

[1]　[宋]潜说友：《咸淳临安志》卷三《行在所录·太庙》，第1册，浙江古籍出版社，2012年，第291页。
[2]　[元]脱脱等：《宋史》卷六二《五行一下》，中华书局，2018年，第1352页。

对太庙的损毁更是严重。嘉泰四年（1204），"其夜二更后，行在粮料院后八条巷内右丞相府吏刘庆家失火，自太庙南墙外通衢延烧粮料院及右丞相府、尚书省、枢密院、制敕院、检正房、左右司谏院、尚书六部，唯存门下后省及工部侍郎厅……步帅李郁用心竭力扑救不得，烧至太庙。侂胄以重赏许诸军，夜漏下三鼓，遂撤去太庙廊屋，祖宗神主、册、宝、法物皆移寓寿慈宫"[1]。修复后，绍定四年（1231）九月，临安大火，再次殃及太庙："都城大火，延烧太庙、三省六部、御史台、秘书（省）、玉牒所。"[2]《宋史》中也有记载："九月丙戌夜，临安火，延及太庙，统制徐仪、统领马振远坐救焚不力，贬削有差。"[3]

（三）南宋太庙的废弃

南宋太庙作为南宋皇权的礼制建筑之一，伴随着南宋王朝的覆灭而遭到废弃。南宋德祐二年（1276），元军入城，元军西路统帅伯颜在临安府接受南宋降表之后，命部下籍没太庙祭祀礼器。"伯颜入临安，遣郎中孟祺籍宋太庙四祖殿、景灵宫礼乐器册宝暨郊天仪仗。"[5]被洗劫之后的南宋太庙空留一个躯壳，很快也被改作他用。

[1] 佚名：《续编两朝纲目备要》卷八，嘉泰四年（1204）三月丁卯条，中华书局，1995年，第141页。《宋史》卷六三《五行二上》，将时间记载为嘉定四年（1211）三月丁卯，第1383页。

[2] 佚名：《宋季三朝政要》卷一《理宗》，中国书店，2018年，第35页。

[3] [元]脱脱等：《宋史》卷四一《理宗一》，中华书局，1976年，第795页。

[5] [元]脱脱等：《元史》卷九《世祖六》，中华书局，1976年，第180页。

二、南宋太庙遗址的发现与发掘

1995年5至9月、1997年底至1998年2月杭州市考古所为配合紫阳小区建设，先后对南宋太庙遗址进行了两次考古发掘。1995年初，杭州市文物考古所对太庙巷、紫阳山一带进行考古勘察；5月20日开始正式对太庙遗址进行考古发掘，考古工作历时4个多月，至9月底结束。此次考古发掘揭露面积近900平方米，发现了南宋太庙的东围墙、东门门址及大型夯土基础等重要遗迹。

在1995年4月初的某天早晨，我沿着第四医院的山道向紫阳山上攀爬，到了紫阳山上的江湖汇观亭处，向东往紫阳山脚下俯瞰，发现山脚下那里有一大片旧城改造的拆迁工地。好多房子墙上还能远远看到一个红色的"拆"字。当时杭州还保存有不少传统建筑，特别是上城区，老房子占据了绝大部分面积。看着那片拆迁工地，突然有一个想法像闪电般划过脑海："这应该是太庙巷的位置！"我猛然惊醒，立刻沿着江湖汇观亭的山道走下去，果然是太庙巷，农民工正在拆房子，拆建的规模还不小。回到单位后，我立即向姚桂芳所长汇报了这一情况。由于当时杭州的拆迁工地比较多，我们市文物考古所的人员数量又有限，人力多是集中在一些比较重要的遗址项目上。姚所长让我先去打听清楚是哪家单位在拆迁，试着和他们联系下，看看能不能进行考古挖掘？那时不同于现在，拆建房屋前不需要征求文物部门的意见，建设规划部门可以直接审批。于是，我立即与负责那一地块拆建工作的杭州市房屋开发总公司相关负责人取得了联系。当时该公司计划财务处的严胜熊处长接待了我，严处长很热情，对杭州的历史文化很感兴趣。我向严处长讲明了我的来意，也向他详细介绍了南宋太庙的历史以及太庙对于杭州历史文化研究的重要意义。那时我30岁出头，经验阅历都还不足，但正因为年纪轻，做任何工作都有着用不完的干劲和不惧困难、不怕吃苦的闯劲。为了更好地说服对方，我在商榷前翻阅了大量杭州古今地图和相关的文史典籍，做足了功课。"功夫不负有心人"，严处长听完我的讲述后，认为南宋太庙遗址确实很重要，并表态要支持我们的考古发掘，但由于公司的娄延安总经理公派出国了，只得让我过段时间再来。当时太庙巷的房屋拆建刚开始，还没有拆掉多少，我心里粗略估算了下，时间来得及，于是欣然同意了他的建议。一个月后，娄总回国，我又再次前去沟通南宋太庙遗址的相关情况。他听后也很感兴趣，明确表态支持我们的考古发掘，并反复表示："我们杭州的历史文化应该多挖掘、多保护，千万不要毁在我们这一代人手中。"他还让我有空多到他们那里，多和他们讲讲杭州的历史，多宣传普及杭州的文化。后来我们和财务计划处商榷出一个双方都认可的协议，要求在房屋拆迁后、住宅区打桩前先进行地下文物的考古发掘。那时我们双方的想法比较简单，就是尽可能多挖掘、多整理出来有关南宋太庙的资料，至于以后的工程能不能进行，根本没有往这方面考虑。协议出具后，按照《文物保护法》的规定，考古发掘的经费要由施工单位承担，加上我们文物部门的经费向来比较紧张，杭州市房屋开发总公司就资助了20万元作为太庙遗址考古发掘的经费。

我记得双方第一次磋商是4月中旬。5月1日，市园文局党组织找我谈话，让我担任杭州文物考古研究所所长并任法人代表。于是，太庙遗址的考古挖掘就成为我任市文物考古所所长后的第一个重大项目。5月20日，整个项目的拆迁工作已基本完成，具备了考古发掘的条件，我们考古队正式进驻，开始了太庙遗址的考古发掘。我们都知道，南宋定都是比较匆忙也比较波折的，真正定都杭州是在公元1138年，而太庙是在宋高宗还没有定都杭州前，也就是公元1134年建造的，主要是供奉先帝牌位和祭祀先帝的场所。所以我们最初判断，太庙的修建可能是比较匆忙的，加上北宋、南宋的皇帝也就18位，数量不多，那么太庙的规模应该不会很大。

考古发掘从靠近紫阳山脚的拐角处开始。当时杭州正值盛夏，工地上光秃秃的一览无余，我们考古人员头顶烈日，冒着酷暑开始发掘。令我们失望的是，发掘的第一、第二条探沟都不是很成功，好像是聚满泥沙的水池，没有什么有价值的东西。连续挖掘的头两个月，可以说一无所获。我们在炎热和失望中咬牙坚持，直到7月下旬，太庙东围墙的墙基终于露头，大家精神随之一振。

对我们考古者而言，夯土台基虽说是挖到了，但只有挖到太庙的墙，才算是真正意义上遗址发掘的成功。于是，我们继续一路开掘，终于在8月下旬挖到了太庙的东围墙，直到这一刻我们才大大地松了一口气，满是泥灰和汗渍的脸上露出了如释重负般的胜利微笑。

在发掘过程中还有一个小插曲。发掘的最后一个多月，经费不够用了，我们只得向杭州市房屋开发总公司寻求支持，表明太庙考古项目所处的困境，于是他们再次慷慨出资10万元支持我们把考古发掘完成。其实，开发商后来也有过忧虑，担心南宋太庙遗址如此重要，我们发掘得又那么完好，再进行下去会不会不让他们建造住宅了。我当时非常乐观，安慰他们说："杭州至今没有规定遗址考古发掘出来后不能建造房子，就是全国也几乎没有过这种案例，而且对我们考古者来说，最重要的是做好考古发掘的相关材料，这一工作完成后肯定要交还给你们的。"开发商中有很多人是学建筑出身的，他们看到挖出来的砖块、柱子以及上面的铭文，也连连称赞道："太庙遗址发掘出来的东西确实好，真是太难得了，应该要加以保护起来。"正是因为市房屋开发总公司追加出资的10万元，才让我们的考古发掘工作又前进了一步，否则后续太庙东门的遗址发掘也不会进行得那么顺利。后来，为表彰他们为杭州城市长远发展大局作出的牺牲，市政府将当年的"精神文明建设奖"颁给了市房屋开发总公司，感谢他们对杭州文物保护工作的重视和支持。

1995年的国庆假日只休了一天，第二天也就是10月2日，国家文物局就派出了专家组来杭，要对南宋太庙遗址进行实地视察。当时派出的专家组是由国家文物局文物处处长孟宪珉陪同，成员有全国政协委员、中国社科院考古所徐苹芳教授，国家文物局专家组成员、北京大学考古系严文明教授，全国政协委员、中国工程院院士、建设部专家傅熹年教授和中国城规院设计研究室主任工程师王瑞珠研究员，阵容非常强大。其中，徐苹芳教授曾是南宋临安城考古队（20世纪80年代由中国社会科学院考古研究所、浙江省文物考古研究所、杭州市园林文物局成立的联合考古队）的首任队长，他主持的临安城考古项目在杭州进行了十多年，有很多重要的考古发掘和研究成果，他也对杭州有着一份特殊的感情。专家们抵杭后，一门心思扑在了太庙遗址的探勘和研究上。他们边考察，边议论，言语间难掩意外和惊喜："南宋太庙遗址的规模、气势如此壮观，建筑水平如此高，真是出乎我们的意料！""杭州发现了南宋太庙，保存得比较完好，这在全国绝无仅有，可以弥补杭州作为六大古都之一但却缺少能够体现古都风貌的代表性古迹了。""应该要对太庙遗址加以保护！"他们又看了我们整理和绘制的图文资料，对我们的考古工作给予了充分的肯定和高度的赞扬，认为我们在遗址的发掘中非常具有灵活性，而且能够主持发掘到现今的面貌真是非常不容易。

现场视察结束后，专家们又听取了省、市文物考古部门的工作报告，并就太庙遗址的进一步考古发掘、妥善保护提出了意见和建议。他们认为杭州市要下大决心，加强人力、物力、财力的投入，将整个太庙遗址全部发掘出来，并表示太庙遗址考古发掘的经费可由国家文物局出资，人员不足也可通过国家文物局向全国各考古所抽调。

在我国六大古都中，看得见、摸得着的太庙只有北京一处，那是明清时期留下的国宝。这次的发现堪称迄今为止我国经考古发掘的时代最早、保存最好的太庙遗址，不仅是杭州考古史上的一件大事，也是中国城市考古史上的一件大事！为此，杭州市委、市政府高度重视，多次组织相关负责人和专家学者进行实地考察，广泛听取各方意见。但是，作为市政府下决心进行旧城改造的重点地区，紫阳山这一地块的改造已经进行了大半年的时间，第一期工程范围内的680多户居民的动迁、拆房和"三通一平"等工作花去了4000多万元，第二期工程还需要6000多万元的资金，两项加起来整整一个亿！这对杭州城市的发展来说，代价不可谓不大！一手是文物保护，一手是城市建设，天平的两边难以平衡，杭州市委、市政府面临着艰难的抉择。

当时国家文物局已将文物处的关强调到了杭州，他在杭州一待就是20多天。我俩和省文物局的徐新民经常聚在一起，商榷太庙遗址的保护方案。当时，我们提出了很多方案，考虑过将整个太庙遗址发掘出来并整体保护，但由于杭州地下水位过高，技术上难度太大；也想过等遗址发掘出来后，完好的部分作永久性保护，保存不好的部分允许开发商建造。后来，在权衡多方的利害得失后，杭州市政府做出决定：补偿建设单位，停止开发建设，这一地块等到以后条件具备再进行考古发掘；同时下达文件，规定今后凡是杭州老城区要进行改造，在做基建专案之前，必须先考古，一旦发现重大遗址，保护遗址比城市建设更重要。

为此，杭州市政府以历史文化名城的保护为重，不惜上亿元人民币的拆迁投入，毅然决定停建紫阳社区，对地下1万5千平方米遗址进行永久性保护。杭州市在历史文化名城保护中实施的大举措、付出大代价，国内尚无先例！

1997年底至1998年2月，杭州市文物考古所对太庙遗址进行了补充发掘，发掘面积近200平方米，此次发掘对1995年未发掘的部分东围墙和道路遗迹进行了补充清理，新发现了夯土基础、础石及砖铺地面遗存。

两次发掘共布探沟15条，发掘面积近1100平方米，发现了南宋至明清时期不同时代的地层堆积，南宋太庙遗址第1层堆积为近现代扰乱层，第2层堆积年代为明清时期，第3层堆积年代为元代，第4层堆积年代为南宋时期。两次发掘共发现了叠压在遗址第2层下的明清遗迹（两处房址及砖砌道路遗迹、水池等）、叠压在第3层下的元代遗迹（房屋基址及砖砌道路遗迹）以及叠压在第4层或第3层下的南宋遗迹（其中包括太庙遗迹、道路遗迹等）。

现将两次考古发掘发现的南宋层相关遗存概述如下。

（一）外墙及门址

东围墙位于整个发掘区的东部，方向为北偏东，经发掘已探明长度约80米，且分别向南、北两个方向继续延伸。围墙基础宽1.9米，墙体内外两侧各内缩0.1米，宽1.7米。经发掘确定，该墙体是于地面先开挖约1.9米的基槽，基槽内填土夯实后，先用条石平置为基础，再在上面用规整的条石错缝平砌，围墙内部用石块和黄黏上填充，砌筑所用石材为紫砂岩质。

在砖铺道路路面（南宋御街）与东围墙衔接处发现砖砌结构遗迹。该遗迹东西宽约0.45米，高出路面约0.2米，是在太庙东围墙建成后修建的。该结构最多三层，砌筑方式略有差别。一种为在御街包边处留出两列纵向侧砌香糕砖的距离后起砌，底层先纵向平铺一层两列长方砖（砖规格为37厘米×17厘米×7厘米），其上用香糕砖又纵向平铺一列，再横向平行侧砌一列香糕砖叠于其上，这三层砖皆以东侧边缘看齐。该三层砖以西，又纵向侧砌两列、纵向平铺一列香糕砖以填满与围墙之间的夹缝。另一种为仅以纵向平铺的一列长方砖填缝

南宋太庙东围墙Q1墙面（西北—东南）

（砖规格为30厘米×12厘米×4厘米），筑法与上一种基本相同。太庙建筑紧邻南宋御街，这一砖砌结构推测为马路边与太庙建筑的分界线。

由于1995年太庙考古发掘并未沿着太庙东围墙向北寻找北围墙，因此关于北围墙的确切地点有待今后的考古实证。从已有的考古发掘资料看，东起中山南路中段、西至大马弄南端的察院前巷尚不是北围墙的基址，极有可能基址在大马巷北端、城隍牌楼巷这一条巷道下面。

东门门址距地表深2.5米，由门道、门槛基槽、石柱础等部分组成。门道宽约4.8米，底部用长方砖横向错缝侧砌，内外侧以长方砖平铺包边，砖长38厘米，宽18厘米，厚7厘米。门槛基槽位于门洞内侧，宽0.3米，深0.15米，门槛无存。门槛基槽的南端残存一长方形柱础石，长50厘米，宽43厘米，厚33厘米，质地为紫砂岩。柱础石底部垫置一长方形紫砂岩石块，石块长66厘米，宽45厘米，厚19厘米。北侧柱础石已失，根据残存柱础坑位置可知南北两柱础石中间点之间相距5.1米。门内有一通向太庙的砖砌道路，均用长方砖平铺而成，宽与门址相同。门址南侧有一砖砌排水沟，沟深约0.45米，宽0.25米，由西向东从围墙底部穿墙而过。

太庙东围墙以及东门门址的确定为划定南宋太庙的范围提供了依据。南宋太庙东围墙的发现证实了太庙临御街而建，在今中山南路西侧约6米处。太庙东围墙向北延伸至大马巷北端、城隍牌楼巷内路面，太庙应在今大马巷北端、城

发掘区内砖砌结构（东—西）

发掘区内砖砌结构（南—北）

太庙东门门址

太庙近御道处放置的柱础石

疑似太庙北围墙基址上的巷道

太庙遗址清理的柱础

隍牌楼巷以南。

　　太庙西侧与南侧的围墙目前尚未发现，据推测太庙西侧大约在今瑞石山东麓一带。《咸淳临安志》记载："瑞石山在太庙后，今为禁山。有瑞石泉存太庙待班阁子西山下。"[1]瑞石山南宋时为禁山，应不会有民居夹杂在太庙与瑞石山之间。有关南宋太庙的南界，目前尚无确切的考古材料可资证明。今天的地名"太庙巷"即源于南宋时期，文献记载"保宁坊，太庙巷"[2]。景定五年（1264）之后，太庙范围曾向南扩展。"景定五年，以（太庙）垣南民居逼近，厚给之直，令徙他处，即其地作致斋阁子四十四楹，前豁墙为小门，又斥

　　[1]　[宋]潜说友：《咸淳临安志》卷二二《山川一·山》，第2册，浙江古籍出版社，2012年，第599页。
　　[2]　[宋]周淙：《乾道临安志》卷二《历代沿革·坊市》，第1册，浙江人民出版社，1983年，第30页。

门道和门槛基槽局部
（东—西）

门槛基槽南端残存的柱础石

粮料院、白马神祠，依山拓地为庙堧。"[1]

（二）建筑遗迹

主要为房屋基址F4、F5以及砖铺地面、排水设施等遗迹。房屋基址均建筑在夯土台基上。夯土台基上发现成排的柱础石和柱础坑，柱础石平面呈长方形。夯土台基东部尚存部分砖面，并与围墙内侧散水沟相连，部分长方砖一端有模压文字"官""平二""上一"等。经发掘确定，夯土台基为南宋太庙建筑基础。

房屋基址共发现F4与F5两处。

F4距地表深约2.50—2.65米，揭露面积约250平方米。夯土基础厚约50厘米，用黄黏土夯筑而成。

后檐墙位于夯土基础北侧，近东西向，长约9米，厚0.33米，用长方砖侧砌，砖的规格为35厘米×17厘米×7厘米。

---

[1] [宋]潜说友：《咸淳临安志》卷三《行在所录·太庙》，第1册，浙江古籍出版社，2012年，第291页。

南宋太庙房屋基址F4后檐墙及室外砖铺地面

夯土基础上发现多个柱础坑和柱础石。柱础石有大小两类，大的边长74厘米以上（如位于后檐廊南侧的柱础石），小的边长约50厘米。柱础石质地均为灰白色太湖石，表面较平整，中部凿有边长18厘米、深8厘米的方孔。柱础坑略呈方形，大多长1.2米，宽1.1米，最深处0.45米。1号与2号柱础石中间点的间距为6米，1号柱础石与5号柱础坑中心点的间距为3米，5号与6号柱础坑中心点的间距为4.35米，6号与7号柱础坑中心点的间距约为3.5米。位于台基中部的3号与4号柱础石的间距为3.45米，在4号柱础石西北侧尚残存有一块木板。

夯土基础中部偏西处有两排石材，呈东西向排列，残长9.92米，残高0.25米，宽约0.6米。由18块方形或长方形石材平砌而成，向西仍有延伸，未完全揭露。石质为紫砂岩，表面较平整。夯土基础东侧也有与其相似的三块方形石材。

F5距地表深约2.6米，揭露面积约105平方米。夯土基础由单纯的黄黏土夯筑而成，厚约0.45米。柱础石位于F5北缘，东西向，由15块方形础石整齐排列而成，揭露长度14.8米，并向东西两面延伸。方形础石为白色太湖石，表面平整光滑，最大的为86厘米×85厘米×28厘米，最小的为76厘米×75厘米×22厘米。柱础石中部凿有长方形孔，孔长27厘米，宽16厘米，深16厘米。这些础石之间留有0.2—0.28米不等的空隙，空隙处侧砌长方砖填实。在房址的其他位置也发现了部分柱础石。

室外砖铺地面共发现3处。其中D1在遗迹S1的西侧，距地表深1.8—1.9米，残长7.8米，残宽4米，用长方砖横向错缝平铺而成，砖的规格多为37厘米×17厘米×6厘米，部分砖有修补过的痕迹，为南宋太庙室外地面遗迹。D2位于F4后缘墙北侧，用长方砖纵向错缝平铺而成，略低于F4的后檐墙，砖的规格多为35厘米×17厘米×7厘米。D3位于F5北缘础石列的北侧，内侧用两列半长方形砖横向平砌，外侧用长方砖纵向错缝平砌。砖的规格多为37厘米×17厘米×7厘米。

排水设施包括散水遗迹S1，排水沟遗迹G1、G2。

散水S1位于围墙内侧，砌筑于黄黏土上，底部呈弧形，宽1.2米，深约0.1米。

南宋太庙房屋基址F4柱础石

南宋太庙房屋基址F4石材

南宋太庙房屋基址F5内方形础石

南宋太庙房屋基址F5础石列与室外砖铺地面

太庙东围墙Q1及散水遗迹S1

排水沟G1

排水沟G2

排水沟G1，发现于围墙中段底部，距地表深约1.2米，残长4.6米，宽0.4米，残深0.45米。底部以长方砖横向侧砌，左右两侧沟壁以长方砖纵横交叉叠砌，长方砖的规格为39厘米×18厘米×8厘米。暗沟自西向东由围墙底部穿墙而过。

排水沟G2，位于东门与砖铺道路遗迹之间，门槛基槽的内侧。南北向，宽0.3米，深0.12米，底部用长方砖平铺，东西两侧用长方砖侧砌起沟壁后与门槛基槽和砖铺道路遗迹相接，南北两端与围墙内侧散水遗迹S1相接。

三、遗址今貌

太庙遗址的考古发现是杭州考古工作的重要成果之一，自发掘南宋太庙遗址后，南宋时期的遗址相继被揭露，临安城考古工作进入繁荣阶段。太庙是南宋时期重要的礼制建筑，遗址揭露后得到了很好的保护。政府拨巨资补偿给紫阳小区的建设单位，停止南宋太庙遗址以及周边地块的开发建设。正是由于开发建设的拆迁工作停止，大马巷、察院巷周围的老房子才得以保留，这也为存留杭州老街巷风貌做出了贡献。

1998年杭州市在太庙遗址上建成一座融杭州历史文化和观赏活动为一体的南宋太庙遗址公园，对市民和游客免费开放。南宋太庙遗址与南宋御街遗址、临安府治遗址、南宋恭圣仁烈皇后宅遗址、南宋皇宫遗址等，组成了南宋都城杭州的庞大遗址群。这一遗址群对研究南宋临安城的城市布局、南宋官式建筑的做法以及整个中国城市考古工作的开展，都有着重要意义。南宋太庙遗址的发现被国家文物局评定为"1995年全国十大考古新发现"，被杭州市委、市政府列为当年"年度精神文明建设"十件大事之一。

南宋太庙遗址广场

　　正是由于太庙广场的建设，以及太庙北侧附近街区古建筑的保留，使得这一区块得以与中山南路—十五奎巷历史街区的风貌实现统一，从而使得南宋御街古建筑风貌得以较大程度的保全，并且也为该区块传统街巷风貌、杭城历史风土人情的存留提供建筑环境。当前，太庙巷、察院巷、城隍牌楼巷、大马巷一带成为杭城不可多得的历史风貌保留区域，在这里还可以依稀感受到老底子杭城的生活气息。

太庙广场北侧古建风貌

城隍牌楼巷古建筑风貌

杭州传统街巷风貌保留区

第五章

"北内"德寿宫

在望仙桥东修建的北内规模宏大，面积达到16万平方米，而南内面积大约为50万平方米，由此可知，仅供太上皇颐养天年的北内面积几乎达到南内面积的三分之一。

一、德寿宫历史沿革

宋高宗晚年将皇位禅让与孝宗，在收回的秦桧府第基础上修建德寿宫，作为自己的太上皇宫殿，此即史书所谓"北内"之由来。《西湖游览志》中说："望仙桥之东，宋有德寿宫，蒋院使花园。绍兴十五年四月，秦桧建第落成。初，望气者言：'此地有郁葱之祥'。桧专国，实觊觎焉，请以为第。桧死，高宗将倦勤，乃即第筑新宫，名德寿。"[1]北内先后有多位主人，其中对南宋历史产生重大影响的人物主要有宋高宗赵构、宋孝宗赵昚、宪圣吴太后。

---

[1]　[宋]潜说友：《咸淳临安志》卷三《行在所录·太庙》，第1册，浙江古籍出版社，2012年，第291页。

北内在宋高宗入住时，名德寿宫，其名始自绍兴三十二年（1162）六月："德寿宫在望仙桥之东（宫门外有百官待漏院）。绍兴三十二年六月四日，奉圣旨，以德寿宫为名。是月十一日，光尧寿圣太上皇帝降诏，退处是宫。其日，今上皇帝登宝位。"[1]《咸淳临安志》载："德寿宫、德寿殿二匾，皆孝宗皇帝恭书。"[2]据吴自牧所言，因殿内生长灵芝，以为祥瑞之兆，改殿匾之名为康寿："于绍兴三十二年六月戊辰，高庙倦勤，不治国事，别创宫庭御之，遂命工建宫，殿匾'德寿'为名。后生金芝于左栋，改殿匾曰'康寿'。"

淳熙十六年（1189）孝宗禅位光宗后退居北内，改德寿宫名为重华宫。"重华宫、重华殿二匾，皆光宗皇帝用隆兴故事恭书。"宁宗皇帝奉养他的祖母宪圣太后，将重华宫改为慈福宫；因侍奉寿成皇太后，又将其改名寿慈宫，后德寿宫曾一度闲置。

北内作为南宋皇城组成部分的历史至咸淳四年（1268）结束。这一年，宋度宗"以地一半营建道宫，匾曰'宗阳'，以祀感生帝。其时重建，殿庑雄丽，圣真威严，宫闱花木，靡不荣茂，装点景界，又一新耳目。一半改为民居，圃地改路，自清河坊一直筑桥，号为宗阳宫桥"[3]。

---

[1]　[宋]周淙：《乾道临安志》卷一《大内》，第1册，浙江人民出版社，1983年，第7页。

[2]　[宋]潜说友：《咸淳临安志》卷二《行在所录·宫阙二》，第1册，浙江古籍出版社，2012年，第283页。

[3]　[宋]吴自牧：《梦粱录》卷八《德寿官》，浙江人民出版社，1984年，第63—64页。

二、考古学家眼中的德寿宫

德寿宫遗址最早发现于1985年，该年在中河东岸发现了一条长百余米的砖铺道路，两旁有砖砌排水沟。此后，杭州市文物考古所对德寿宫遗址进行过数次发掘，其中2001年以及2005至2006年的发掘较为重要。2001年，为配合望江路拓宽工程，在望江路北侧对德寿宫旧址进行发掘，发现了德寿宫南宫墙、东宫墙遗迹，以及夯土台基、过道、廊、散水、门道等宫内建筑遗迹，发掘总面积约640平方米。2005年11月至2006年7月，为配合望江地区改造建设工程，杭州市文物考古所在望江路北侧原杭州工具厂内进行抢救性考古发掘，在南宋层发现了西宫墙、便门、水渠、水池、水井、道路等与南宋德寿宫遗址有关的遗迹。现将这两次考古发掘出土遗存简要归纳如下。

（一）宫墙遗迹及便门遗迹

南宫墙共发现三段，东西向，其中两段揭露长度分别为20米、16米，宽均为2米，残存最高0.55—0.83米。同墙主体为夯土墙，用较少杂质的黄黏土与瓦砾分层夯筑而成。夯土外侧用长方砖竖向平铺，外侧再以长方砖横向错缝平铺包砌，略有收分。经发掘可知，南宫墙的长度至少在140米以上，规模宏大。

东宫墙位于吉祥巷两侧，南北向，揭露长度约3.8米，残宽0.4—0.9米，残存最高0.45米，为黄黏土与瓦砾分层夯筑的夯土墙体。

南宫墙与东宫墙的拐角位于吉祥路西侧，为加固墙体，其外侧由石块垒砌而成。石块近长方体，约长50厘米，宽30厘米，厚10厘米。墙体中部由小石块与黄黏土夯筑。

西宫墙西距中河20米，距地面2米，呈南北走向，已揭露南北长9米，墙体

德寿宫南宫墙遗迹　　　　　　　　　　德寿宫东宫墙及东南宫墙拐角遗迹

宽2.2米，残高0.7米，主体用灰红色土夯筑而成，两侧局部残留有包砖遗迹，为31厘米×14厘米×4.5厘米的长方形砖和香糕砖错缝平砌而成。

便门西墙上的便门遗迹发现于2005—2006年的考古发掘，位于西宫墙北部。遗迹为东西向，南北宽1.3米。门道东侧还残留有香糕砖侧砌的路面遗迹。门道两侧的宫墙壁面也残留有砖砌包边的痕迹。

2001年的发掘中，在东宫墙西侧发现一长11.7米、残宽2.3米的砖面遗迹，用长方砖平铺，破损不堪。外侧用规格为34厘米×15厘米×6厘米的长方砖纵向侧砌包边，可能为道路遗迹。其通向南围墙处有一缺口，可能也是德寿宫的便门。

德寿宫的位置一直被认为在望仙桥一带，《淳祐临安志》卷一〇《山川·城内四河》中介绍茆山（茅山）河时说："旧德寿宫之东，元有茆山河，因展拓宫基，填塞积渐，民户包占，唯存去水大沟，至蒲桥修内司营，不复填塞，尚存河道。"北宋时这条茆山河是主要河道，"东自保安水门，向西过榷货务桥，转北过茆山井、蒲桥，至梅家桥，曰茆山河"[1]。明代《西湖游览志》所载"夹墙巷，宋时德寿宫墙外委巷也"，清代以后名吉祥巷。吉祥巷，即夹墙巷，北接城头巷，为宋德寿宫墙外之委巷。德寿宫北边应包括今梅花碑一带，清代所设南关丁部分司内的梅花厅有"芙蓉石在焉，石出土高丈许，岩窦玲珑，苍润欲滴，篆曰：铁云。传是宋德寿宫旧物"[2]。

综上所述，可以认定德寿宫位于今望仙桥一带。由于古今地名的变化，所以从文献上很难确定其具体的位置。2001年及2005—2006年对德寿宫遗址的发掘基本确定了德寿宫遗址的范围，即位于今杭州市上城区望江路北侧，南至望江路，北至梅花碑附近，西邻中河，东至吉祥巷、织造马弄一带，南临胡雪岩故居，西与鼓楼相望，面积约16万平方米。

德寿宫在今杭州市的位置示意图

［1］　［宋]施谔：《淳祐临安志》卷一〇《城内四河》，载《浙江宋元方志集成》，第1册，杭州出版社，2009年，第172页。

［2］　［清]嵇曾筠、李卫等：《浙江通志》卷三〇《公署》（上），上海古籍出版社，1991年，第910页。

（二）建筑遗迹

南宫墙北侧发现了两处建筑基址：

一处位于南宫墙西段北侧，与南宫墙平行，两者之间有2米的通道。夯土台基高约0.5米，南侧以规格约为30厘米×15厘米×5厘米的长方砖错缝平砌包边，宽0.5米，残高0.5米，已揭露长度约17米。靠建筑南侧尚存砖砌排水沟一段，宽约0.18米。建筑台基西部发现一砖砌建筑遗迹，约3米见方，用规格30厘米×15厘米×5厘米的砖错缝平砌。其中部偏西处放置一深腹大缸，直径约70厘米，深约50厘米。

另一处位于南宫墙中段北侧，距南宫墙2.1米，由大型夯土台基、过道、廊、散水等遗迹组成。大型夯土台基由黄黏土夯筑而成，进深约7.6米，宽50米，南北两侧各有砖墙，长方砖错缝平砌，砖缝间以石灰浆黏合。南墙残长4.3

德寿宫内建筑遗迹之一

德寿宫内建筑遗迹之二

米，北墙残长4.5米，残高0.3米。夯土台基北侧为过道，东西向，残长5.5米，宽约3米。主体部分用规则的香糕砖横向错缝侧砌，两侧再以五皮香糕砖纵向错缝包边，砖面中部略为隆起，以利散水。所用香糕砖长30厘米，宽10厘米，厚4厘米。过道北侧为廊，基础由黄黏土夯筑而成，东西向，残长12米，宽3.3米，外侧以长方砖包砌一夯土面上局部发现石灰残迹，铺地砖无存。廊北侧为散水，揭露长度为13米，宽约1.6米，中间低，两边高，中间宽约0.18米，由香糕砖错缝纵向侧砌，两边错缝横向侧砌。散水北侧另接一大型夯土台基，并向探方北壁延伸。

此外，2005—2006年的发掘揭露了柱础基础遗迹以及墙基遗迹。柱础基础遗迹位于发掘区的中东部，共发现柱础基础五处，呈东西向分布，柱础基础附近局部残留有灰红色夯土地面。按尺寸与夯筑方法的不同，可将柱础基础遗迹分为两类。一类位于南段水渠东侧，直径1米，分三层夯筑，第一层灰红色夯土，第二层为碎砖，第三层为一块灰白色太湖石。第二类位于第一种柱础基础的西侧，包括4个间距2.8、直径1.45米的柱础基础。自上而下分为四层夯筑：灰红色夯土、碎砖、灰红色夯土、碎砖。第一种柱础基础的南侧为墙基遗迹，呈东西向，用29厘米×11厘米×4厘米的砖错缝平砌而成，残长1.9米，残宽0.18米，残高0.34米。该遗迹的性质尚不确定。

（三）道路遗迹

一处位于东围墙西侧，长11.7米，残宽2.3米，用长方砖平铺地面，外侧用规格为34厘米×15厘米×6厘米的长方砖纵向侧砌包边。

另一处位于发掘区的中部，东西向，残长4.5米，残宽2.2米。路面用29.5厘米×7厘米×4厘米的香糕砖横向错缝侧砌而成。路中间有一条同向的散水，用香糕砖顺向错缝侧砌而成，残长4.2米，宽0.19米，较之路面低0.05米。路面中间残存用长方形砖错缝平砌而成的两个花坛边框，底部大部分已残缺，残存两皮，高0.08米，宽1米。

（四）园林遗迹

主要是以大型水渠为主，包括水闸、水池等设施在内的园林遗迹。

水渠 该水渠自西北向东南迂回曲折，两端直线距离约8.7米。西段的水渠呈西北—东南走向，渠壁弧曲，已揭露部分长6.4米，宽1.3—2.8米。渠底以坚硬的灰红色夯土夯筑而成，上抹有一层石灰面。渠中有较多的灰白色假山倒塌后形成的堆积。南段的水渠分为东西向与南北向两部分，水渠的两侧壁面均用

德寿宫大型水渠遗迹

28厘米×12厘米×3.5厘米的砖错缝平铺叠砌包边，内侧夹有0.03—0.05米厚的石灰层。渠底以坚硬平整的灰红色夯土面为基础，两侧近壁处各有一条宽0.3米的砖砌痕迹，中间用34厘米×34厘米×5厘米的方砖平铺。

水闸　位于西段水渠南壁，为一个半弧形的砖砌水闸遗迹。水闸主体用宽11厘米、厚4厘米、长短不一的砖错缝平砌包边。水闸北侧中间立嵌一根石质水闸柱，柱外侧凿有一条竖向水闸槽。

沉淀池位于南段水渠遗迹的南侧，与水渠紧紧相连。较之水池的底部低0.25米。水池宽1.25米，用29厘米×11厘米×4厘米的砖错缝平砌包边，底部用45厘米×35厘米×5厘米的方砖平铺。

水池　位于沉淀池南侧，较之周边低1米左右，南北长9米，东西宽8米，地面残存香糕砖拼铺而成的几何图案。池底结构分三层，第一层为夯土层，厚0.15—0.3米；第二层为碎砖层，厚0.15—0.3米；第三层为木桩层，密布直径为18—19厘米的松木桩。

德寿宫内水闸遗迹　　　　　　　　德寿宫水池遗迹

南宋临安城内的街道

　　我国古代都城布局至宋代开始打破唐代里坊式的城市布局，转变为开放式的街巷布局。宋代城址的平面布局大体有两种，一种是沿唐城旧制的里坊式城市布局，四面有高墙围起来，呈方形或长方形。里的中心是十字街交叉处，下边又有小十字街。门有专人把守，早开晚闭。高官的宅子可以当街开门，称为"第"。"市"也有围墙，白天在"市"进行贸易。这类城址多见于中原等北方地区。一种是长巷式布局，即打破原有的里坊，民宅形式是在大街之间等距离排列着东西向的胡同，民宅当街开门，这种布局多见于南方地区。南宋时期的杭州城即为长巷式布局。长巷式的街巷布局与杭州地处江南城内河道众多有一定关系，临安城内房屋街道多临河而建，比较容易形成长巷式的街巷布局。

　　南宋临安城作为南宋时期的都城，其街道布局既有我国古代都城布局的一般特点，又因其地处江南，保留了南方城市街道布局的特色。我国古代都城目前可知的有临安城和平江府采用了河路并行的布局体系。平江府即今天的苏州旧城，有平江府平面图碑传世，为南宋理宗绍定二年（1229）所刻，藏于苏州碑刻博物馆（苏州文庙）。城分为内、外两重，外城为南北长的矩形，水门与陆门并列。城北半部为居住区，街南北向，巷东西向，街中间是河，路在河北岸，民宅背河面街。考古发掘结果显示，临安城是南宋时期河路并行的街道布局的一个代表。严官巷御街的考古发掘发现了与御街平行的盐桥运河上的桥墩和桥堍遗迹，为南宋临安城河路并行的街道体系提供了实物例证。

一、南宋御街遗址的发现与发掘

御街是南宋封建政权的象征性建筑之一，也是南宋临安城的中轴线。关于南宋御街的文献记载可见《咸淳临安志》卷二一："自和宁门外至景灵宫前，为乘舆所经之路……袤一万三千五百尺有奇，旧铺以石，衡从为幅三万五千三百有奇……跸道坦平，走毂结辚，若流水行地上。"[1] 又《西湖游览志》卷二十载："中正桥，俗称斜桥，自此而南至正阳门，为宋时御街，

南宋河道遗迹

［1］　[宋]潜说友：《咸淳临安志》，第二册卷二一《疆域六·御街》，浙江古籍出版社，2012年，第584页。

长一万三千五百尺。"[1] 又据《都城纪胜》: "都城天街, 旧自清河坊, 南则呼南瓦, 北谓之界北, 中瓦前谓之五花儿中心。自五间楼北, 至官巷南御街, 两行多是上户金银钞引交易铺, 仅百余家, 门列金银及见钱, 谓之'看垛钱'……又有大小铺席, 皆是广大物货。"[2]

南宋御街遗址最初发现于1987年杭州卷烟厂内的基建工程考古。1995—1998年的南宋太庙遗址发掘中又发现了一段御街遗迹。

2003年底至2004年夏, 在严官巷考古工地清理出御街遗址的同时, 也发现了古河道及御街在河道上架桥等遗迹。严官巷南宋御街的发现对南宋临安城中轴线的确定以及临安城河路并行街道布局的研究都具有十分重要的意义, 严官巷南宋御街遗址被评为"2004年全国十大考古新发现"。

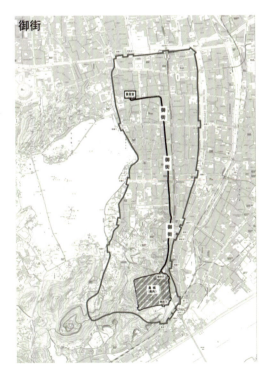

南宋御街位置示意图

---

[1]　[宋]田汝成:《西湖游览志》, 浙江人民出版社, 1980年, 第220页。
[2]　[宋]耐得翁:《都城纪胜》, 见徐吉平主编:《杭州文献集成》第1册, 杭州出版社, 2014年, 第73页。

2008年3—4月，为配合中山路综合保护与有机更新工程的建设，杭州市文物考古所对工程沿线进行考古调查，并在中山中路南段进行了考古发掘。发掘地点位于鼓楼以北的中山中路，此次发掘发现了上下叠压的两层南宋御街及临街建筑遗迹。该处御街遗址的发掘丰富了南宋御街的实物资料，为御街更深入的研究提供了考古材料。现将四次御街考古出土遗存情况介绍如下。

（一）杭州卷烟厂南宋御街遗址

1988年杭州市文物考古所在万松岭北侧、中山南路西侧的杭州卷烟厂基建工地进行了一次抢救性考古发掘，清理出了一段御街遗迹。御街为南北走向，残长60米，宽约15.3米。从发掘情况分析，御街分主道和辅道两部分，主道位于中间，两侧用规格37厘米×17厘米×7厘米的大砖纵向、横向各侧砌一皮，作为包边并与辅道间隔。两条辅道在主道东西两侧且与主道相接，辅道用规格30

杭州卷烟厂南宋御街遗址

厘米×8厘米×4厘米的香糕砖纵向错缝侧砌，御街两侧置散水。从位置来看，此段御街为南宋时出入皇宫北门和宁门的主要通道。

1988年杭州卷烟厂的发掘共发现了4个文化层堆积：第1层为近现代扰乱层，第2层堆积为明清至民国，第3层堆积为元代，第4层堆积为南宋。其中，第3层和第4层下发现了丰富的遗迹，主要包括石板道路遗迹L1、砖砌道路遗迹L2—L5、房屋遗迹F1—F4。在此次发掘发现的道路遗迹中，L1叠压在第3层下，其年代不晚于元代。从地层及叠压关系来看，L2—L5均为南宋时期的遗迹。

L2、L3两段道路为南北向，南面为皇宫北门和宁门，西侧为三省六部遗迹，因此这段御街推测为南宋御街临近皇城和宁门的一段。

南宋时期道路遗迹L2、L3、L4、L5（西—东）

L2方向为北偏东15°，南高北低，坡度为4°。揭露部分最宽处3.85米，路面主体用香糕砖横向错缝侧砌，两侧纵向侧砌一列香糕砖，再横向侧砌香糕砖包边。路南段纵向侧砌香糕砖作为道路的分段，所用香糕砖规格皆为30厘米×8厘米×5厘米。道路中部略微隆起，两旁较低，断面呈龟背状。该砖砌道路中部、南部均有不同程度的破坏，暴露出L3的部分砖面，两路面高差约0.13米，中间夹杂0.05米厚的黄黏土。

三省六部遗址发掘区全景

三省六部部分建筑遗迹

L2、L3叠压关系（西—东）

L3为南北走向，揭露部分最宽处6.35米。大部分砖面叠压在L2之下，露出部分有分幅。东侧一幅揭露长度7.3米，宽1.9米。路面主体用香糕砖横向错缝侧砌，内侧用两列香糕砖纵向侧砌，外侧先纵向侧砌一列香糕砖，再横向侧砌香糕砖包边，所用香糕砖规格为30厘米×8厘米×5厘米。L3路基厚度在0.45—0.7米之间，由上而下分别为：灰色夹砂石，厚0.1—0.25米；黄色碎石、砂黏土，厚0.05—0.11米；粗石子、石灰土，厚0.05—0.15米；红黏土，厚0.07—0.15米；夹砂黄黏土，厚0.05—0.13米。

L4、L5两段道路为东西向，与御街垂直相交，砌筑方法及用砖与御街基本相同，因此这两段道路应为御街通向道路两侧官署的东西向通道。L4位于L3西侧，揭露长度1.95米，宽度14.8米。内侧先纵向侧砌3列香糕砖，再横向侧砌香糕砖，再纵向侧砌1列香糕砖，将道路分为南北两幅，南边一幅宽10.25米，北边一幅宽4.55米。L5位于L3东侧，揭露长度4.5米，揭露宽度4.6米。

与遗迹伴出有南宋官窑、龙泉窑、越窑、景德镇窑、定窑、建窑等窑口生产的青瓷、影青瓷等瓷片，其中以龙泉窑较为多见。此外，还出土有香糕砖、筒瓦、板瓦、莲花瓦当、鸱吻等建筑饰件。

（二）太庙附近南宋御街遗址

1995年在对南宋太庙的考古发掘中，在太庙东围墙遗迹的东侧发现了一段南宋御街遗迹。

太庙附近御街L3与普通道路L4

该处御街遗迹距地表深约2.8米，近南北向。经发掘已探明长度约80米，且分别向南北两个方向延伸，揭露最宽处达3.5米，但未完全揭露。路面以香糕砖横向错缝侧砌而成，砖的规格为：长28—30厘米，宽8—10厘米，厚4—4.5厘米。靠近南宋太庙东围墙的一侧为用长方砖砌成的包边，其东西宽约0.46米。先纵向侧砌两列长方砖后，再横向侧砌一列长方砖，砖的规格为长34厘米，宽16厘米，厚6厘米。

（三）严官巷南宋御街遗址

严官巷御街的考古工作是配合万松岭隧道东接线工程的基建考古。严官巷位于杭州市上城区紫阳街道，是杭州城南部一条东西向的小巷，长不过200米，宽仅5米。严官巷南部为高士坊巷，北部为白马庙巷。严官巷与北部的白马庙

严官巷御街主道遗迹全景

南宋早期御街遗迹全景

巷、南部的高士坊巷形成了"十"字交叉。严官巷以南约400米为南宋皇城遗址，严官巷以北约100米为南宋太庙遗址。

2003年底至2004年夏，杭州市文物考古所在严官巷考古工地发现了一段御街遗迹。严官巷一带发现的南宋御街位于严官巷东段北侧，紧靠中山南路。这段御街呈南北走向，同中山南路走向基本一致，其东、南、北三面尚压在中山南路之下。此次配合万松岭隧道工程的考古发掘以严官巷为界，分南、北两个区进行，共发掘1200余平方米。

南宋文化层主要是遗址的第4层（南宋晚期文化层）、第5层（南宋中期文化层）和第6层（南宋早期文化层）。该遗址发掘出的南宋遗迹包括南宋早期御街遗迹、南宋早期御街桥堍和桥墩基础遗迹；南宋中期砖砌道路遗迹；南宋晚期一号殿址、二号殿址和南宋晚期石砌储水设施遗迹；三省六部北围墙以及南宋时期河道遗迹等南宋时期的重要遗迹。

南宋早期御街石砌储水设施

　　严官巷发现的御街出土于南宋早期文化层，其年代为南宋早期，遗迹距地表2.7米，揭露部分长10.2米，宽7.2米。从发掘情况分析，御街分主道和辅道两部分，主道位于中间，两条辅道在主道东西两侧且与主道相接。揭露出的主道部分宽2.05米，用规格30厘米×8厘米×4厘米的香糕砖，并列横向错缝侧砌，并在其西侧用规格37厘米×17厘米×7厘米的大砖纵向、横向各侧砌一皮，宽0.45米，作为包边并与西侧辅道间隔。清理出的西侧辅道宽5.15米，其主体可分为南北向并列的三段，路面用规格30厘米×8厘米×4厘米的香糕砖纵向错缝侧砌，长度均在2米以上。每段之间均以一道横向的砖结构作为隔断，该砖结构是由中间纵向侧砌的单皮小砖与两侧横向侧砌的1—3皮小砖构成。

御街主道、辅道示意图

严官巷御街主道遗迹细部

　　御街桥塆和桥墩基础遗迹位于御街遗迹的南端，距地表2.8米。桥塆基础遗迹从御街主道开始，用规格38厘米×18厘米×7.5厘米的大砖砌成阶梯状，第一级高0.15米，第二级高0.35米，其下部竖以木桩，木桩尚存12根，直径12厘米，间距0.2—0.5米。桥墩基础与桥塆相距0.95—1.4米，用长120厘米左右、厚15厘米左右的石条错缝平砌。其下部也竖有木桩，直径12厘米，间距0.2米左右。

御街桥堍遗迹

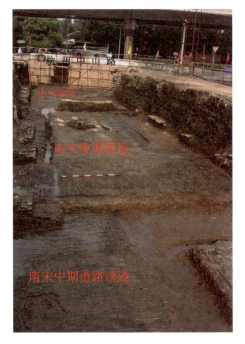

南宋遗迹

（四）中山中路南宋御街遗址

中山中路南宋御街遗址位于杭州市上城区清波街道惠民苑社区中山中路112号，东距光复路约35米，南距金波桥弄约13米，西与浙江地方银行旧址相邻，北距惠民路约30米，遗址坐落在中山中路的繁华街区。

2008年3—4月，为配合中山中路综合保护与有机更新工程的建设，杭州市文物考古所对工程沿线进行了考古调查，并在中山中路南段进行了考古发掘。此次发掘揭露了北宋、南宋早期、南宋晚期、元代、明清时期和民国时期依次叠压的五个时期的道路遗迹。此次发掘的中山中路御街遗址揭露面积95平方米，发现上下叠压的两层南宋御街及临街建筑遗迹，包括砖砌道路遗迹和排水沟。

砖砌道路L5为南北向，由砖砌路面和路基两部分组成。揭露部分南北长约4.5米，东西宽约11.6米。路面略呈龟背状，主体由长方砖横向错缝侧砌，局部用长方砖、方砖和石板平铺，推测为后期修补所致。砖面用相同规格的长条砖单列纵向侧砌作为分幅，但因揭露面积较小，路面保存较差，故整条道路的分幅情况不明确。长条砖表面磨损情况严重。石板为紫砂岩质，较完整的一块长138厘米，宽67厘米，厚约8厘米。路基用黄黏土填筑，厚0.05—0.1米。黄黏土表面局部残存石灰面。

道路东西两侧各设施南北向的排水沟，紧邻砖砌道路遗迹L5的东侧，南北

发掘现场局部（西南—东北）

道路L5、L4、L3、L1的叠压关系（西北—东南）

向。揭露部分长约2.15米，内宽0.30米，深0.65米。东西两沟壁均用长方砖或长条砖错缝砌筑而成，上部局部遭后期破坏，被石块替代。水沟底部为泥地，打有松木桩以加固沟壁。长方砖的规格为32厘米×19厘米×5厘米，部分砖的端面模印"下"字。长条砖的规格为30厘米×8厘米×4厘米或26厘米×8厘米×4厘米。L5G2位于砖砌道路遗迹L5的西侧，南北向揭露部分长1.5米，因沟西壁被后期破坏，宽度不详。水沟东壁用长方砖平砌。

南宋后期御街遗迹包括石板道路遗迹（L4）、排水沟和房屋建筑遗迹。

L4叠压在L5之上，南北向，包括石板路面和路基两部分。路面主体用石板铺筑，保存较差，大部分石板已无存，残留石板也破碎不堪。石板表面磨损严重，质地均为紫砂岩，保存最好的一块残长90厘米，残宽45厘米。石板既有横向平铺，也有纵向平铺。石板底部有一层厚约0.05米的黄黏土，土质纯净，叠压于砖砌御街之上。

道路东西两侧设置有南北向的排水沟。其中L4G1紧邻石板道路的L4的东侧，南北向，揭露部分长约2.15米，内宽0.30米，深0.90米。东西两沟壁均水沟上局部覆盖石板，因此该排水沟可能为暗沟。L4G2位于探方西部，紧邻石板道路遗迹L4的西侧，南北向，揭露部分长约1.50米，宽度不清，深挖至0.70米时未继续下挖。L4G2沟壁叠压于L5G2之上，系在L5G2的基础上用石块加高利用。

L4G1上部石板封盖

　　中山中路南宋御街遗址发现的从下至上依次叠压的北宋时期、南宋早期、南宋晚期、元代、明清时期和民国时期五种路面，揭示了南宋御街这条杭州城主干大街的演变过程。中山中路南宋御街用的是典型的香糕砖，早期做工考究，下面还有一层基础，做基础的香糕砖斜着排放，便于分散受力，上面做御街的香糕砖横着铺设，东面有排水沟。元代路面保存完好，比南宋时更宽，东面也有一条排水沟。从元至明清最后到民国，尽管用的都是青石板，材料却越来越不考究，说明杭州的这条南北向主干大街逐渐走向衰落。

　　从目前考古发掘出土材料来看，杭州卷烟厂南宋御街遗迹、太庙东围墙东侧附近的南宋御街遗迹以及严官巷南宋御街遗址的御街均是用香糕砖铺成。御街分主道和辅道两部分，主道位于中间，两条辅道在主道东西两侧且与主道相接。御街路面由香糕砖错缝侧砌而成，主道部分用规格30厘米×8厘米×4厘米的香糕砖并列横向错缝侧砌，两侧用规格37厘米×17厘米×7厘米的大砖纵向、横向各侧砌一皮，作为包边并与辅道间隔。辅道用规格30厘米×8厘米×4厘米的香糕砖纵向错缝侧砌，御街两侧置散水。

　　2004年，在严官巷清理的御街其主道由于被现代中山路所叠压，考古发掘难以大范围拓展，其完整宽度也暂时无法确定，但根据清理出的供百官和平民行走的西辅道就有5.15米宽，据此推测，南宋御街的宽度可能在20米以上。

二、南宋御街历史

南宋御街的发现与发掘最早开始于20世纪80年代，2003—2004年对严官巷南宋御街又做了较大规模的发掘，揭露部分的御街长达10余米，同时发现了桥墩、桥堍等河道遗迹，为揭示南宋御街的全貌提供了重要的考古材料。2008年对中山中路南宋御街的发掘，探明了从下至上依次叠压着南宋早期、南宋晚期、元代、明清时期和民国时期五种路面，反映了南宋御街的历史演变过程。

（一）吴越国时期的城市主干道

隋开皇九年（589），隋朝废钱唐郡，置杭州。开皇十一年（591），杭州历史上第一次建造州城。随着杭州州城的建设，贯通城市南北的主干道开始出现。

吴越国定都杭州后，国王钱镠周密地规划了杭州城市的街道体系。城市的中轴线是同盐桥河（现今凤山水城门以北的中河段）基本平行的主干道，河道并行，自南而北，纵贯全城。该主干道与现中山路大致相仿，路面已相当宽阔。

（二）南宋时期御街的修筑与维护

南宋绍兴八年（1138），宋室正式确定临安府为行在所，为了尽早恢复统治秩序，南宋恢复重建了多处礼制建筑，其中景灵宫建在城西北的新庄桥。因景灵宫的修建，景灵宫前的大街归入"景灵禁御"之中，由皇城兵保卫，严禁平民进入往来，因而这条纵贯南北的杭州城主干大街成为南宋时期皇帝于"四孟"到景灵宫朝拜祖宗时的"乘舆所经之路"。

因杭州为州城，故其主干大街与皇帝出行的御街相比还是显得简陋。南渡初，御街由都水监所属街道司管辖。每逢皇帝通行御街，先由街道司会同东西八作司，派兵卒二三百人修整路面，排除积水。绍兴十年（1140），御街由都水监划归工部管辖。临安府是在战争状态下由一座古老的州城提升为府城，进而作为南宋行在所，遇到建筑空间布局不能满足大型礼仪活动需要的情况十分正常，局促、拥挤成为此后南宋礼仪活动的常有感受。如果依照北宋时期的祭祀礼仪规格来举行活动，临安城的御街就显得狭窄不堪了。绍兴十三年（1143）冬十月的祭祀活动，"礼官以行在御街狭，故自宫徂庙，不乘辂，权以辇代之。礼毕上不御楼，内降制书赦天下"[1]。

南宋初期基本不见对南宋御街大规模维修的记载，仅宋高宗时期做过一次小范围的维修。御街自和宁门至太庙的一段，两边分布着南宋中央官署，这一段在南宋具有外朝的性质，作为元旦和冬至举行大朝会时官员们聚会排班的场所。这一段御街在宋高宗时做过修缮。绍兴二十八年（1158），新筑皇城嘉会门外城时，诏依殿前都指挥使杨存中拆展皇城东南通阔十丈之地，以二丈作外城基，五丈作御路，两壁各三丈充居民。

已知史料记载南宋御街唯一的一次大规模修缮是在南宋末年。咸淳七年（1271），御街街道"岁久弗治"，临安知府潜说友对南宋御街太庙北至观桥的一段进行修缮。《咸淳临安志》卷二一载："自和宁门外至景灵宫前，为乘舆所经之路，岁久弗治。咸淳七年，安抚潜说友奉朝命缮修内六部桥路口至太庙北，遇大礼别除治外。袤一万三千五百尺有奇，旧铺以石。衡从为幅三万五千三百有奇，易其阙坏者凡二万。跸道坦平，走毂结轸，若流水行地上。经涂九轨，于是为称。"[2]

（三）南宋以后御街的发展历程

元朝时期，杭州城区总体布局与南宋时期相差无几，以中心大街（即南宋

---

[1]　[宋]李心传：《建炎以来系年要录》卷一五〇，绍兴十三年十月庚申日条，中华书局，2013年，第2415页。

[2]　[宋]潜说友：《咸淳临安志》卷二一《疆域六·御街》，第2册，浙江古籍出版社，2012年，第584页。

御街）为中轴线的主干街道纵贯全城，通达南北，两侧坊巷依次排列，南宋御街原有的皇家色彩逐渐消退，商业气息愈加浓厚，并兴建了不少具有异域风情的建筑。

明嘉靖元年（1522），御史何钺在吴山坊北侧为乡贡士建造了第一座牌坊，此后各类牌坊纷纷出现，并跨街而建，南宋御街的政治色彩和权力象征完全丧失。明清时期，随着城市人口的增加，御街日渐狭窄，但其两侧的繁华依然不减昔日风采，依然是杭城的商业贸易中心。

民国十六年（1927）杭州设市，为适应城市发展需要对旧街道进行整修，将凤山门到众安桥的沙石路面上加铺了沥青，统称为江墅路。

清末民初，杭州的商贸经济得以蓬勃发展，江墅路也再一次成为全市的商业中心。随着西方工业文明的不断侵入，杭州不但出现了近代金融业等，而且受西方影响，江墅路两旁还兴建了大批西式建筑风格和大量中西合璧的建筑。民国三十四年（1945），为纪念民主主义革命先驱孙中山先生，江墅路改名为"中山路"，并一直沿用至今。1958年中山路向北延伸至环城北路，1978年又向北延伸至文晖路。目前的中山路分三段，自万松岭东端至鼓楼为中山南路，鼓楼至众安桥为中山中路，众安桥至文晖路为中山北路。

南宋御街遗址起始于杭州市城南万松岭路南侧，南北向穿过杭州卷烟厂，经由鼓楼，往北到达武林门一带，与现在杭州市的中山路走向基本一致，今天的中山路即是由南宋御街逐步演变而成的。从南宋王朝到改革开放前，这条路一直都是杭州的主干道，仅南起鼓楼、北至官巷口这一段路上，就留下了兴业银行、胡庆余堂、状元馆、九芝斋、豫丰祥、邵芝岩、奎元馆等十数家名店老店，古商业街的风貌依存。沿街两侧仍保留着很多清代至民国初的古老建筑，是市内近代建筑最集中的街道。近年来随着杭州城区的不断扩张，中山路一带虽不再是杭州最繁华的地区，但其传统格局一直没有变化，时至今日，中山路仍然是杭州的中轴线。

三、朝天门遗迹

　　和宁门至朝天门这一段御街的两侧几乎都是南宋朝廷的官府衙门，还有皇家重要礼制建筑，如三省六部官署、五府以及南宋太庙等，这一段御街在南宋时期具有外朝的性质，因而朝天门在南宋御街上具有重要的标志性意义。

　　朝天门是在隋唐五代时期城门新城戍的基础上改建而成，吴越国王钱镠扩展营造杭州城时建成。据林范《吴越备史》卷一：唐景福二年（893），由于军事上的胜利，钱镠被唐昭宗拜为镇海军节度使、润州刺史。是年七月，他又进行一次大规模的城垣建筑工程。他征集了二十余万民工"新筑罗城，自秦望山由夹城东亘江干，泊钱塘湖、霍山、范浦，凡七十里"。由于罗城东面沿江，工程任务极为艰巨。"江涛势激，板筑不能就。王因祷之，沙涨一十五里，余功乃成。"这段记载说明了工程几经周折，但在钱镠的决心和不断努力下，最后终于获得了成功。新筑罗城，共开城门十："曰朝天门，在吴山下今镇海楼；曰龙山门，在六和塔西；曰竹车门，在望仙桥东南；曰新门，在炭桥东；曰南土门，在荐桥门外；曰北土门，在旧菜市门外；曰盐桥门，在旧盐桥西；曰西关门，在雷峰塔下；曰北关门，在夹城巷；曰宝德门，在艮山门外无星桥。"城形"南北展而东西缩"，形如腰鼓，故称"腰鼓城"。钱镠对扩建杭州城有自己的情怀与抱负。他《杭州罗城记》中称："千百年后，知我者以此城，罪我亦以此城。苟得之于人而损之己者，吾无愧欤！"

　　宋代沿用朝天门之名，元代改朝天门为拱北门。明代改为镇海楼，又称鼓楼。清朝时因其毁坏曾重建或整修。1970年，因修建防空洞而将鼓楼拆除，仅余西壁。2001—2002年间杭州市复建鼓楼。

　　南宋朝天门遗迹位于吴山东面，南接十五奎巷，北临大井巷，东接中河路，西靠伍公山。2000年8—10月，杭州市文物考古所在对鼓楼遗址的考古发掘中共发现了相互叠压的三个时期的建筑遗迹，其中最下层为南宋朝天门的部分基址。该遗迹揭露面积300余平方米，由石墙、夯土台基及柱础坑等遗迹组成。

东墙由不规则石块垒砌而成，残长16.25米，宽0.45米，残高0.84米。南墙为西北—东南走向，与东墙约成120°夹角，残长2.85米，宽0.5米，残高0.75米。

石墙内侧为大型夯土台基，残高1.52米。台基上部分列两排柱础坑，东侧16个，平面形状有方形和圆形，宽或直径在0.5米左右，深0.15—0.7米。夯土台基东部以纯净的粉沙土夯筑而成。夯土台基西部利用五代朝天门原址，有4个柱础坑，1块柱础石，柱础石略成梯形，宽35—70厘米，厚30厘米。

四、相关问题讨论

根据御街出土的考古材料，并结合文献记载，将御街的历史以及考古发掘出土的御街年代等相关问题探讨如下。

（一）考古发现的几段南宋御街年代的讨论

考古发现的四段御街由南至北依次为卷烟厂御街、严官巷御街、太庙前御街、中山中路御街。从修筑方式来看，卷烟厂发现的御街、严官巷发现的御街及太庙前发现的御街基本一致，均用香糕砖错缝侧砌而成。

目前发现的四段御街中，杭州卷烟厂御街、严官巷御街、太庙前御街从位置来看位于和宁门至太庙之间，中山中路御街位于太庙以北。

杭州卷烟厂御街在中山南路西侧的杭州卷烟厂基建工地内，在南宋时期的三省六部一带。严官巷南宋御街在南宋太庙以南、卷烟厂御街以北。从位置来看，两处遗迹都位于太庙以南，属于御街的南段。自六部桥至太庙北的一段御街，凡遇大礼，先于五六日内差官兵悉行拆除原铺的石板，修筑成"皆以潮沙填筑，其平如席，以便五辂之往来"的泥路，大礼毕后，则恢复原貌。[1]

卷烟厂御街与严官巷御街也在咸淳七年（1271）临安知府潜说友对南宋御街的修缮范围之内，其中太庙以南至六部桥段还为迎接太庙祭祀大礼而"别除治"，也就是以潮沙填筑，礼毕再恢复原状。因而这一段发掘出土的御街就成为南宋末期御街的最真实反映，通过对这段御街的考察，可以获知潜说友组织修缮的南宋御街的基本状况和当时的修筑水平。

---

[1]　[宋]周密：《武林旧事》卷一《大礼》，中华书局，2007年，第7页。

南宋太庙的兴建时间为绍兴四年（1134），太庙附近经考古发掘发现的南宋御街遗迹大部分直接紧贴太庙遗址东围墙。根据两者的相互关系，证明太庙外墙是紧贴御街，说明即使是意义如此重大的礼制建筑也因受制于空间而显得局促。

太庙围墙凸出之方形石筑结构紧贴南宋御街

中山中路南宋御街遗迹可分为上下两层，下层为香糕砖铺成的路面，上层为石板铺筑而成。《咸淳临安志》记载御街"旧铺以石，衡从为幅"。《梦粱录》载："向者汴京用车乘驾运物；盖杭城皆石板街道，非泥沙比。"中山中路御街遗址在香糕砖路面之上再铺石板，且考古发掘确定香糕砖路面的年代为南宋前期，石板路面为南宋后期，与南宋后期（咸淳七年）对御街进行维修的文献记载基本相符，因此认为中山中路的御街是南宋末年维修后的一段御街，年代在宋度宗咸淳七年（1271）以后。

（二）御街遗迹概述

通过与南宋时期普通道路的对比可知，南宋御街本是杭城旧街，在北宋时已经是杭城的主干大街。南宋定都杭州，建宫城于凤凰山麓，建景灵宫于城西北的新庄桥，由朝天门通往景灵宫的杭城主干大街成为南宋时期皇帝"四孟"到景灵宫朝拜祖宗时"乘舆所经之路",城内的主干大街相应升格为南宋御街。

在发掘南宋太庙遗址时发现了一段御街遗迹,该遗迹位于太庙东围墙遗迹的东侧,距地表深约2—2.5米,南北向。这段砖砌道路遗迹与部分中山南路重叠,与1988年卷烟厂和2004年严官巷发现的御街走向一致,地理位置又在太庙的东侧,紧邻太庙,因而被认为是御街的一段。而在太庙遗址发掘中与这段御街处于同一平面的道路遗迹L4与御街遗迹L3垂直相接,东西向,残长1.5米,揭露宽度0.7米。路面由规则的长方砖横向错缝侧砌而成,北侧用两列长方砖纵向侧砌包边,砖的规格为香糕砖30厘米×8厘米×4厘米、大青砖37厘米×16厘米×6厘米。两段道路用砖以及砌筑方式基本相同,说明御街在此时并没有在杭州主干大街的基础上作过多的改建。

从已经发掘的杭州卷烟厂御街残迹看,御街分为居中的主道和位于两侧的辅道。御街主道可能就是所谓天街中专属皇帝行经的区域,而两侧的辅道则属于臣僚行走的区域。从杭州卷烟厂区块向北延伸出来的御街主道,与严官巷发掘过程中出土的御街主道应该是相接的,共同构成御街南段。

第七章

南宋临安城中的官署遗址

20世纪90年代至21世纪初的一段时间里，在杭州市上城区先后发现了几处南宋时期的官式建筑遗址。查阅文献资料，参照《咸淳临安志》所附《京城图》，可以确定这几处遗址分别是南宋中央官署——三省六部遗址，以及临安府地方官署遗址——南宋临安府治遗址等。这些考古遗址的发现对于复原南宋临安城内官署的原貌具有十分重要的意义，对于了解南宋时期官式建筑的营造规制具有实证价值。这些考古发掘成果也得到考古界的高度认可，其中"浙江杭州南宋临安府治遗址"被评为"2000年全国十大考古新发现"。

一、中央官署机构

北宋中央最高政务机构是三省和枢密院，简称省院，议事之所称都堂，与枢密院对掌文武大权。元丰改制以后，尚书省下设有吏、户、礼、兵、刑、工六部，下辖二十八司，这一制度为南宋沿用。除三省、枢密院以外，中央机构还包括秘书省、殿中省、御史台、谏院等重要官署衙门。

与北宋相比，南宋官制改动最大的地方是将与六部职能有重复的九寺五监进行省并，留存下来的寺监降为具体办事机构。九寺在北宋时期指太常、宗正、光禄、卫尉、太仆、大理、鸿胪、司农以及太府寺。"中兴后，卫尉寺废，并入工部。""中兴后，废太仆寺，并入兵部。"把光禄、鸿胪两寺并入礼部，卫尉、太仆两寺并入兵部，实际上只剩下太常寺、宗正寺、大理寺、司农寺、太府寺等五寺。五监在元丰改制后指国子监、少府监、将作监、军器监、都水监。建炎三年（1129），罢少府监，划归工部。绍兴十年（1140），罢都水监。南宋时期保留名称的五寺三监中，除大理寺与六部并行存在外，太常寺、宗正寺、国子监改隶礼部，太府寺、司农寺隶属户部，将作监改隶工部，军器监在景定三年（1262）前隶属工部，此后改隶殿前司。

南宋中央官署旁热闹非凡，这个范围内甚至允许开早市。形成这种格局的客观原因就是因为南宋宫城规模太小，朱溢《南宋三省与临安的城市空间》对此有所论及：宫城位于临安南端，因此绝大多数的朝廷衙署都不可避免地分布在宫城以北。不过，除了尚书省，中书省和门下省也都是在宫城之外，恐怕与宫城的规模、地形有一定关系。2004年，临安城考古队对南宋宫城进行了勘探调查，探明其形状为不规则长方形，东西、南北直线距离最长处分别约800米、600米。可见南宋宫城规模不大，更何况其中还有不少难以充分开发利用的山坡。宫城内安置宫殿后，所余空间非常有限。于是一些原先在北宋位于宫城内的机构移至宫城外，合门司、客省、四方馆的迁出就是例子。

（一）三省枢密院

1. 三省

三省为尚书省、中书省、门下省。三省为最高行政机构，与枢密院对掌文武大权。南宋高宗建炎三年（1129），中书、门下二省合并为中书门下省，实际上已恢复北宋前期三省合一之制。门下省别称左省，中书省别称右省，尚书省又称都省、会府、南省，三省号称政府。南宋时期将由三省管辖的茶盐所、会子所、公田所、封桩安边所合称省所，官署位于三省大门内。宋朝实行宰执制度，宰为宰相，执为执政官。执政官包括副宰相和枢密院长贰官，副宰相有参知政事，尚书左、右丞，门下、中书侍郎等称谓。

元丰改制，三省长官门下侍中、中书令、尚书令名义上为宰相，实不除人，而以尚书左仆射、门下侍郎为左相，尚书右仆射、中书侍郎为右相。南宋高宗建炎三年（1129），以左、右仆射兼同中书门下平章事为左、右相。孝宗乾道八年（1172）改左、右仆射兼同中书门下平章事为左、右丞相，并罢三省长官名。

2. 六部

尚书省下设有吏、户、礼、兵、刑、工六部。六部官署位于三省枢密院南面，中堂名曰"论国献纳之堂"，周围分布着六部办事机构。绍兴二十七年（1157）九月十八日，尚书省奏请对六部予以改扩建："乞将六（郊）[部]门移就三省都门内出入，却移都门向外起盖。"十月二十二日，尚书省言："近将官告院地步展修六部，权移本院于望山桥置司。今来六部修盖毕工，乞将官告[院]依旧迁归六部。"[1]

六部长官称为尚书，副长官称为侍郎。六部的每部下面原设四司，元丰新制吏部增为七司，户部增为五司，其余四部仍为四司，共二十八司。司之长官为郎中，副长官为员外郎。尚书、侍郎办公场所称为"长贰厅"，郎中的办公场所称为"郎中厅"。司下设案，具体经办各种具体事务。其中以吏部幕僚为最多，共有官员280余人；其次是户部，也有250余人。六部吏员总计有1000余人。绍兴二年（1132）置六部监门。六部监门掌六部大门之启闭，六部官员的出入、请假及外来人员来访。

六部架阁，"其库在天水院桥，掌六曹之文书，主二十四司之案牍，故官置库掌其架阁，皆无失误矣"[2]。六部架阁库于"绍兴三年置库，十五年复置官四人，又治其栋宇而新之"。

---

[1]　[清]徐松辑：《宋会要辑稿》方域二之二〇，第15册，上海古籍出版社，2014年，第9292页。

[2]　[宋]吴自牧：《梦粱录》卷九《六部监门》，浙江人民出版社，1984年，第74页。

3. 枢密院

枢密院是总理全国军务的最高机构，"掌军国机务、兵防、边备、戎马之政令，出纳密命，以佐邦治"，简称"枢府"。宋代枢密院与中书门下共掌文武大权，称为东西"二府"。南宋时期，为防止枢密院独掌兵权，以宰相兼知枢密院，"其后或兼或否。至开禧，以宰臣兼使，遂为永制"[1]。

三省官署"在和宁门北旧显宁寺，绍兴二十七年建。都堂刻《周官》一篇于正坐之屏，堂上列诏令、御制、御书石刻"。都堂是三省与枢密院商议国家大事的地方，又称政事堂。枢密院"在都堂东，止为枢属列曹之所。盖枢密使率以宰相兼领，故自知院以下皆聚于都堂"。因此三省与枢密院南宋时期实际上是合署办公。枢密院官署位于三省都堂的东面，实际上只是枢密院办事机构工作人员在此办公。而知院以下，枢密院主要成员都在都堂办公，以便与三省同在都堂商议政事。

（二）御史台

御史台为南宋的中央监察机关。御史大夫、御史中丞为御史台的正副长官。御史大夫名义上是御史台的最高长官，实际上只是虚设，只作为加官，授予其他官员，因而御史中丞便成为御史台的真正长官，称为台长；副长官是侍御史。御史官是皇帝的耳目之官，职掌是"纠察官邪，肃正纲纪。大事则廷辨，小事则奏弹"。京师命官犯罪审讯，须报御史台备案，并参与诏狱审理、疑难案件判决等。宋朝规定宰辅不得举荐御史台官，须由皇帝亲擢。御史台成为直接向皇帝负责的机构，"台谏之权敢与宰相为抗矣"。御史台下设三院，"一曰台院，侍御史隶焉；二曰殿院，殿中侍御史隶焉；三曰察院，监察御史隶焉"[2]。

御史台位于清河坊，坐南朝北，重建于绍定五年（1232）。御史台监狱久

---

[1]　[元]脱脱等：《宋史》卷一六二《职官二》，中华书局，1976年，第3797—3800页。

[2]　[元]脱脱等：《宋史》卷一六四《职官四》，中华书局，1976年，第3869页。

已废置不用，只是厅堂上留存，因为"盖自中兴未尝置对，有属台官问者，则刑察就听于大理之狱"[1]。

（三）谏院

谏院为净谏机构，职责在于拾遗、补阙朝政得失，凡百官自宰相以下任非其人，事有失当，都得谏正。宋初沿唐制，门下、中书两省有左右补阙、拾遗。元丰改制，废谏院，以左右谏议大夫、司谏、正言，分属门下、中书两省。

南宋建炎三年（1129），复设谏院，为独立机构。绍兴二年（1132），又改为中书门下省的下属机构。南宋谏院"在后省之西"，即位于三省枢密院都堂的西侧。

（四）秘书省

秘书省"监掌古今经籍图书、国史实录、天文历数之事"。南宋建炎三年四月罢，绍兴元年（1131）二月复置。主要官员有秘书省监、少监、丞，属官有著作郎、著作佐郎、秘书郎、校书郎、正字等。

绍兴初，秘书省"权寓法惠寺"。绍兴十三年（1143）十二月，按照秘书丞严抑之奏请，宋廷诏令两浙转运司在殿司寨基址上予以重建，具体位置在天井坊之左。《南宋馆阁录》卷二《省舍》载："绍兴十三年十二月，诏两浙转运司建秘书省。十四年六月二十二日迁新省。省在清河坊糯米仓巷西，怀庆坊北，通浙坊东。地东西三十八步，南北二百步。"[2]

秘书省内书库众多，"日历、会要库各一，经史子集书籍库六，分列于右

---

[1] [宋]潜说友：《咸淳临安志》卷五《行在所录·御史台》，第1册，浙江古籍出版社，2012年，第324—326页。
[2] [宋]陈骙等：《南宋馆阁录》续录卷二《省舍》，中华书局，1998年，第10页。

文殿外东西两庑。又有书板库，在著庭之右"[1]。

秘书省后囿建有多座亭台楼阁，还有水池小桥，景致优雅，后院多为秘书省官员们的居所。

（五）大宗正司

大宗正司"掌亲属宗庙之事，自汉、魏、隋、唐迄于宋，因而不改，以皇族官位高有德望者领之，又以本族尊属为判本司，又增同知以为之辅"。南宋建炎、绍兴初，由于宋金战争影响，大宗正司屡经迁徙，由建康迁广州、绍兴，称大宗正行司。绍兴元年（1131），于行在所置行在大宗正司。孝宗乾道七年（1171），绍兴府大宗正行司归并临安行在大宗正司，合二为一。大宗正司原与开元宫相邻，位于太和坊内秘书省附近。

绍定四年（1231）因灾暂驻睦亲宅办公。次年六月，宋廷下诏重建于天庆坊，"属有司赋丈虑财，为缗二十余万，而职岁前后所发，裁及其半。判司事嗣秀王师弥斥其私藏，以承上意，自六年六月戒事，至明年端平改元八月甲子落成，上书'属籍之阁'四大字以宠灵之。门塾堂垂、阶廉序室、公馆吏舍、庖湢储偫，鸠僝告功"。

（六）三衙

三衙由殿前司、侍卫马军司、侍卫步军司构成，其职"掌殿前诸班直及步骑诸指挥之名籍，凡统制、训练、番卫、戍守、迁补、赏罚，皆总其政令"。此外又设环卫官，共十六卫（如左右卫、左右金吾卫等），各卫有上将军、大将军等官。

殿前司，在凤凰山八盘岭中置衙，有御书阁、凝香堂、整暇堂。山之上为月岩，有亭囿曰"延桂"，最高处曰"介亭"。其职能是"掌宫城出入之禁

[1] [宋]潜说友：《咸淳临安志》卷七《行在所录·秘书省》，第1册，浙江古籍出版社，2012年，第365页。

令，凡周庐宿卫之事、宫门启闭之节皆隶焉"。据《咸淳临安志》记载，殿前司占用凤凰山圣果寺院址，改作官署所在地，圣果寺迁往包家山。

侍卫马军司，原在保民坊内，乾道七年（1171）移屯建康，以行司边帅兼领，帅衙改为寺监公宇。

侍卫步军司，在铁冶岭西，内有御书阁、湖山堂、锦绣楼等建筑。

（七）五寺

五寺指太常寺、宗正寺、大理寺、司农寺、太府寺。五寺的长官称为卿、大卿、正卿，副职称为少卿、亚卿，下设丞、主簿等。

1. 太常寺

太常寺为诸寺之首，掌管礼乐之事。大朝会、祭祀所用雅乐、器服，以及郊祀、宗庙、社稷、陵寝、籍田、医药等均得管领。建炎三年（1129），省并诸寺监，太常寺保留不变。隆兴元年（1163），将光禄寺划入太常寺。太常寺位于罗汉洞，据《京城图》可知，太常寺与台谏宅相距不远。太常寺内主要建筑有大厅、寅清堂、昭勋崇德阁、宝库、水阁等。

2. 宗正寺及玉牒所

"玉牒所、宗正寺同一官府，凡纂修之事，寺官与焉，宰辅提举，其体视它局尤重。"玉牒所及宗正寺位于太庙附近，绍兴二十年（1150），"用检讨官王晒请，诏临安守臣宋贶度地，于旧车辂院创玉牒所及宗正寺"[1]。

《宋史》载："南渡后，绍兴十二年，始建玉牒所。提举一人或二人，以宰相执政为之，以侍从官一人兼修，宗正卿、少而下同修纂。先是，宗正寺丞邵大受奏：'讲求宗正寺旧掌之书，曰皇帝玉牒，曰仙源积庆图，曰宗藩庆系录，曰宗支属籍。南渡四书散失，今重加修纂《仙源庆系属籍总要》，合图、

---

[1]　[宋]潜说友：《咸淳临安志》卷六《行在所录·玉牒所宗正寺》，浙江古籍出版社，2012年，第227页。

录、属籍三者而一之,既无愧于昔矣;独玉牒一书未修,宜搜访讨论,以正九族,以壮本支。'于是始置官如旧制,分案五,置吏十。乾道八年,诏玉牒殿主管香火,差内侍三员、武臣一员充,并改作干办玉牒所殿。"[1]

玉牒所主修宋朝历代皇帝玉牒,按编年体体例,具载皇帝在位年月日、年号、历数,及朝廷政令、疆域户口、丰凶祥瑞之因革。玉牒所在南宋初曾停罢,建炎三年(1129)四月,宋高宗诏令并入太常寺,以太常少卿兼领寺事。绍兴十二年(1142)复置,以宰辅提举。

3. 司农寺

司农寺掌粮食积储、仓廪管理、园苑种植及京官之禄米供应等事务。建炎三年(1129),曾废司农寺,以寺事拨隶仓部。绍兴三年(1133)二月,复置丞贰。绍兴四年(1134),又置卿少,司农寺官僚建置、职能至此基本恢复。"国制以户部掌国计,而司农列卿、少丞、簿赞之,如诸州府县道每年上供,及宰执百官军粮宣限米斛,皆委专官,吏卒下各路州县坐征,以应宣限支用也。"[2]

司农寺曾三迁其址,《舆地纪胜》记载司农寺在"市西坊之北,今在御厨营前"。由此可知,司农寺最初选址位于市西坊的北面,修义坊南。宋宁宗嘉定年间(1208—1224),迁徙至韩氏园,"今为太庙禁山,景星洞在焉"。最后一次迁址,是在宋宁宗绍定年间(1228—1233),与太府寺、将作监、军器监、审计院同建于保民坊内马军帅衙故址。

4. 太府寺

元丰改制后,太府寺掌邦国财货之政令,及库藏、出纳、商税、平准、店宅、市易之事。宋高宗建炎三年(1129),诏罢太府寺,并归户部之金部司。

绍兴元年(1131)复置太府寺丞,此后编制逐渐扩充。《梦粱录》云:"太府寺,在保民坊内,系《周官》职。总局二十有四,如诸军诸司粮审四

---

[1] [元]脱脱等:《宋史》卷一六四《职官四》,中华书局,1976年,第3890页。
[2] [宋]吴自牧:《梦粱录》卷九《诸寺》,浙江人民出版社,1984年,第75页。

院，左藏二库，买务卖场及编奎两司，和剂惠民四局，祗候钞引院，皆属掌矣。"[1]太府寺恢复时间比司农寺稍早，起初选址地点不得而知。浙东提举郑提所撰记文云："寺凡再徙，而势非宜与尘嚣溷，今寺故敕局也，淳熙十有五年夏局罢，白于朝，以为寺。秋七月乃迁，闳奥显厂，称其官府。"[2]可知南宋时的太府寺原为敕局故址。宋时内廷承旨撰制法律条例的机构称敕局。

5. 大理寺

大理寺掌管审谳平反刑狱之事。南宋初，大理寺选址在钱塘门内，由于比邻两大御前宫观景灵宫、万寿观面积狭窄，且无法拓展，因此寺内官署建筑极少，"旧守惟卿及治狱两丞居之"。绍兴二十年（1150），迁至仁和县治的西面，今小车桥附近。这次迁址后，大理寺"始增创官舍，及用丞石邦哲请，盖造吏院，自治狱都辖至推吏家属，皆令人居，而严其出入之禁。至淳熙间，次第皆备"。新建的大理寺内设狱，牢狱在卿厅的右边。

（八）三监

南宋时期，北宋五监实际仅留存三监，分别是国子监、将作监、军器监。

1. 国子监

国子监是掌管全国文教事业的机构，"专掌天子之学校，训导生员之职。总掌国子太学事务，生员出入规矩，考课试遵训导，天子视学，皇太子齿胄，则讲义释奠等礼也"。高宗建炎三年（1129），诏国子监并归礼部。绍兴三年（1133），复招生徒，置博士。绍兴十三年（1143），重建太学，复置学官。孝宗时，并置祭酒、司业、正、录、书库官，又定国子博士一员，太学博士三员，正、录共二员，书库官一员，遂为定制。

绍兴十三年，临安守臣王唤奏请，以钱塘县西岳飞宅造国子监。国子监与

---

［1］　[宋]吴自牧：《梦粱录》卷九《诸寺》，浙江人民出版社，1984年，第75页。

［2］　[宋]郑湜：《太府寺题名续记》，引自《咸淳临安志》卷六《行在所录·太府寺》，第1册，浙江古籍出版社，2012年，第350页。

太学比邻。

2. 将作监

将作监，掌宫室、城郭、桥梁、舟车营缮之事，及土木工匠板筑造作之政令。设将作监、少监各一人，丞、主簿各二人。其附属机构有十个，即修内司、东西八作司、竹木务、事材场、麦捐场、窑务、丹粉所、作坊物料库、退材场及帘箔场。

南宋时期将作监原位于修文坊，后迁至保民坊内。宋高宗建炎三年（1129）四月，罢将作监，并归工部；绍兴三年（1133）十月复置，并与军器监分领少府监之事。始置丞一员，领监事。凡计料、监造行在官司营房、舍屋之类，皆由将作监负责。

淳熙十四年（1187）十月朔，京镗著《将作监题名续记》云："南渡以来，行在所营缮之事，有府尹、畿漕分其责，由是职闲无事，监、少娄虚，丞、簿互兼者久之。比年，人才盛多，乐于汇进，监、少、丞、簿无阙员，凡台省之久次与郡色之有声者，悉寄径于此，今号为储才之地。"[1] 由此可知，将作监在临安府和两浙漕司的羽翼之下，实际发挥的作用有限。

3. 军器监

军器监，掌监督缮治兵器什物，以给军国之用。设军器监、少监各一人，丞二人，主簿一人。其附属机构有四个，即东、西作坊及作坊物料库、皮角场库。

南宋军器监位于保民坊内，绍兴三年（1132）始置丞，绍兴十一年（1141）置长贰，下辖制造御前军器所，别置提举、提辖等官。"景定三年，改隶殿前司，凡奏请文移，部若监悉不预"，因此军器监事务愈加简略清闲。

---

[1]　[宋]京镗：《将作监题名续记》，引自《咸淳临安志》卷八《行在所录·将作监》，第1册，浙江古籍出版社，2012年，第367页。

（九）六院

登闻检院与登闻鼓院、都进奏院、官告院、诸司诸军审计司、诸司诸军粮料院在南宋合称六院。

1. 登闻检院与登闻鼓院

南宋时登闻检院掌收接朝廷命官有关机密军国重事、朝政阙失，论诉在京官员不法及公私利害之事。登闻鼓院掌有关大礼奏荐、敕断及致仕遗表等已得旨恩泽，试换文资，改正过名，陈乞再任等申诉事。登闻检院与登闻鼓院中兴初建于和宁门之下，绍兴二十八年（1158）移置丽正门外左、右阙之南。左检院、右鼓院，监官廨舍皆在鼓院南。"按唐旧制，设四匦以通下情，名曰崇仁。司谏申明，招贤遵体，以使四方贤才，便其上达。"[1]

2. 都进奏院

都进奏院是掌管章奏、文书投递和承转的机关，所收章奏交门下省章奏房，如有边防机密事件，允许直赴门下省通进司投进。"国朝置都进奏院，总天下之邮递，隶门下后省。凡朝廷政事施设、号令赏罚、书诏章表、辞见朝谢、差除注拟等合播告四方令通知者，皆有令格条目，具合报事件誊报。"[2]

"石佛山，在朝天门外胥山坡下，元有僧寺，后改为都进奏院。"《咸淳临安志》卷七六载："吴山智果院，吴越王钱氏建，旧名石佛，北宋祥符中，改赐今额。南宋嘉泰年间损毁，以其地为进奏院，拨赐宝积廨宇及扁鹊堂建寺。"都进奏院在朝天门外今鼓楼附近，从《京城图》看，位于朝天门北面御街西侧。都进奏院设监都进奏院二员。

3. 官告院

官告院的职责是"士大夫自一命以上，至于公卿王爵；军卒一资以上，至

---

[1] [宋]吴自牧：《梦粱录》卷九《六院四辖》，中华书局，1976年，第77页。

[2] [清]徐松辑：《宋会要辑稿》职官二之五一，第5册，上海古籍出版社，2014年，第3020页。

于节钺，告命皆隶院给之。如文则吏部，武则兵部。宗戚及命妇，司封属之；考校勋绩，司勋掌之。凡四司，皆集本部出诰耳。元丰改制，俱悉吏部行文武告命钞，而蕃官隶兵部。自后皆归吏部右选"[1]。官告院在吏部门内北面，隶属吏部。

4. 诸司诸军审计司

诸司诸军审计司简称审计司，又名诸司诸军审计院，简称审计院。旧名诸司诸军专勾司，为避赵构之名讳，因此改名。"院旧曰专勾，中兴避御嫌名，更今名。"

审计司是掌管审计朝廷财经收支的机构，对粮料院支拨的俸禄数目等进行审核、纠正，隶太府寺。"审计院者，自宫禁朝廷百僚以下，至于内侍御士，及于诸军兵卒，凡赋禄者，以式法审其名数。而其辟召者，惟郊祀赐缗已。乃审禄有疑予，则诏以法。凡四方之计籍，上于大农，则逆其会。凡有司议调度会赋，出则谶焉。"[2]

诸司诸军审计司位于保民坊内旧马军教场基址上。

5. 诸司诸军粮料院

诸司诸军粮料院简称粮料院，是掌管官员、军队俸禄的机构。诸司诸军粮料院起初以瑞石山上观音院旧址为官署所在地，后迁于漾沙坑七官宅旧址，河坊街大佛寺附近。

（十）四提辖

据《建炎以来朝野杂记》载"四提辖"谓："榷货务都茶场、杂买务杂卖场、文思院、左藏东西库是也。"

---

[1]　[宋]吴自牧：《梦粱录》卷九《六院四辖》，中华书局，1976年，第77页。
[2]　[宋]吴自牧：《梦粱录》卷九《六院四辖》，中华书局，1976年，第77页。

1. 榷货务都茶场

榷货务都茶场统管茶叶为主的山泽之产（包括盐、香药、矾）官买官卖及印卖茶引等钞引，以吸引商贾贩卖，确保政府的重要财政来源。榷货务都茶场位于通江桥的东面。

2. 杂买务杂卖场

杂买务掌宫中和市百物，平其价格，以应奉宫廷、官府采购。杂卖场掌受内外粗劣、剩余官物计直出卖，或打折支用。据《舆地纪胜》记载："买务卖场，盖唐宫市之遗制。近制，凡宫禁月料，朝省缗札，文思院之制造，和剂局之修合，皆所取给焉。至若斥在帑封桩之币，余编估打套，则卖场掌之。"

绍兴四年（1134），杂买务、杂卖场合并为一局，官署设在天庆坊。绍兴六年（1136）始置提辖官总其事。此后，官署迁徙至通江桥东面的榷货务内。《梦粱录》中也有详细介绍："杂买务、杂卖场，在榷货务内。""南渡后，合局于此。"

3. 文思院

文思院，"太平兴国三年置，掌金银、犀玉工巧之物，金彩、绘素装钿之饰，以供舆辇、册宝、法物及凡器服之用"[1]。文思院在北宋时隶少府监，南宋隶属工部。绍兴三年（1133），少府监并入文思院。文思院位于北桥（安国坊内，安国桥之别名）的东面。

4. 左藏库

"左藏掌受四方财赋之入，以待邦国之经费。"左藏库是朝廷最大的财库，授纳四方财赋收入，以供中央、地方开支及文武官吏、军兵俸禄与赐赏等。

---

[1]　[清]徐松辑：《宋会要辑稿》职官二之五一，第6册，上海古籍出版社，2014年，第3781页。

宋高宗南渡时，草创左藏库于和宁门东北角，由于地方狭隘，不足以存放左藏库征收的财赋收入。绍兴二十三年（1153），韩世忠将自己位于清湖桥西的宅第献出，改建为左藏库。"有东西库，东则币帛、绝绸之属，西则金银、泉券、丝纩之属。"

（十一）入内内侍省

入内内侍省"吏额三十五人，分五房，所掌：内殿引对群臣、发金字号、收接边奏、赐臣寮到阙茶药、新除执政官、御史中丞支赐、宗室节度使已上生日、宰臣已下夏腊药、春幡胜新火、喜雪御筵、每月奉香表往攒宫、忌辰酌献看经、设狱、太庙荐新、并奏告差宫闱令大礼执事、并奏主进衮冕、祈祷降御封香、车驾行幸、差官应奉人使在道及到阙燕赐、宣召学士及试官御试一应事务、圣节赐宰臣以下斋筵、皇太子乳香、执政官酒果、辨验迎奉到御容、赐蕃夷宴、大朝会差应奉等官，皆其职也。其官有都知、副都知、押班等名色。渡江后，又掌藏金国誓书八宝。内东门司，内侍省属也，掌机密门户"[1]。

北宋设入内侍省和内侍省，号为前、后省。南宋时，有鉴于北宋弊端，予以省并，统称入内内侍省。"中兴以来，深惩内侍用事之弊，严前后省使臣与兵将官往来之禁，着内侍官不许出谒及接见宾客之令。绍兴三十年，诏内侍省所掌职务不多，徒有冗费，可废并归入内内侍省。"

（十二）阁门

在和宁门外，掌朝参、朝贺、上殿、到班、上官等仪范。有知阁、簿书、宣赞，及阁门祗候、寄班等官。

---

[1]　[宋]李心传：《建炎以来朝野杂记》甲集卷一〇《内侍两省》，中华书局，2013年，第210页。

（十三）提举修内司

南宋初，皇城自草创时大兴土木，到宫禁规模完备，有大量建设需求，建筑修缮均由两浙漕司与临安府共同筹备营建。随着南宋皇城规制完备，绍兴末年，有臣僚奏议改由修内司全权负责宫禁营缮事宜，同时每年给予缗钱20万作为修缮经费。"提举修内司，领雄武兵士千人，供皇城内宫省垣宇缮修之事。"[1]看似修内司因此接掌肥缺，实质上由于绍兴年间南宋皇城修缮完成，修内司作为有限，此后更是每况愈下。"修内司者，掌宫禁营缮。渡江后，浙漕及京府共为之。绍兴末，赵侍郎（子潚）为浙漕，奏免修缮，以其事归修内司，岁输缗钱二十万，后减五万缗。乾道初，有司请悉除免。上曰：'如宗庙有损动处，安得不修？'乃再减缗钱五万。然修内司逐时于左藏库关取钱物犹不少。"[2]

《咸淳临安志》记载，修内司营房位于孝仁坊内青平山（一作清平山），据《京城图》可知，清平山南侧有两处修内司营标示。宋孝宗隆兴元年（1163）正月十七日，诏："殿司已在旧司置司，其东华门外新司，却令依旧交割，付修内司。"

（十四）监当诸局

南宋中央和地方的监当诸局，职掌繁杂，种类众多。从其职能分工看，主要有以下几个大类：为皇室宫廷提供服务，满足皇帝以及皇室成员食、衣、住、行、礼仪、赏赐、娱乐的各项需求；为中央文武官吏与京师事务提供服务，满足其居住生活、交通、医疗、饮食等需求；负责军器的制造与管理。包括车辂院、惠民和剂局、平惠民局、法物库、度牒库、市舶司、左右骐骥院、象院、牛羊司等。

---

[1]　[清]徐松辑：《宋会要辑稿》职官三〇之一，第6册，上海古籍出版社，2014年，第3791页。

[2]　[宋]李心传：《建炎以来朝野杂记》甲集卷十七《财赋四·修内司》，中华书局，2013年，第485页。

（十五）主管往来国信所

南宋自绍兴和议后，宋金双方恢复了互派使节的制度，掌事机构称为主管往来国信所，专门负责宋金之间的交聘往来，绍兴三年（1133）还曾一度改为奉使大金国信所，绍兴十二年（1142）宋金议和后，复称主管往来国信所，简称国信所。

都亭驿是两宋专门接待辽、金使节的馆舍，位于今六部桥东，国信所设在都亭驿内。

（十六）客省四方馆

客省四方馆在东华门北。绍兴四年（1134）四月诏："四方馆、客省并依祖宗旧制，隶属中书省，不隶台察。"[1]

客省负责收接圣节进奉香、贺表、外国使者往来接伴之礼；四方馆负责收接诸州府郡朔望、正冬贺表，及大礼贺表等事。四方馆"在朝堂门外，掌通事，分番供奉，宣赞之名籍、文武官正衙见谢辞、国忌赐香、诸道月旦正至章表、郊祀朝会番官、贡举人、进奉使、京官、致仕官、道释、父老陪位之事"[2]。

[1]　[清]徐松辑：《宋会要辑稿》职官三五之一，第7册，上海古籍出版社，2014年，第3878页。

[2]　[清]徐松辑：《宋会要辑稿》职官三五之一，第7册，上海古籍出版社，2014年，第3873页。

二、地方官署机构

南宋时期，地方上实行路、州（府、军、监）、县三级行政管理制度，临安城内路级官僚机构有转运司、提刑司、提举常平司等，州级机构为临安府衙，县一级机构有钱塘县署和仁和县署。

（一）路级官署

宋代地方实行州（府、军、监）与县二级制，州（府、军、监）之上设有作为朝廷派出机构监察辖区的路。宋朝的"路"是承袭唐朝的"道"而设的，还没有真正形成一级行政区，仍处于由监察区向行政区过渡的形态。路级官僚机构互不统属。州、府、军、监的长官，可以直接上疏朝廷，不必一一通过路级官府。但随着历史的发展，宋朝的"路"也出现了逐渐由监察区向行政区演变的趋势。各路一般设安抚司、转运司、提点刑狱司、提举常平司等机构。

1. 浙西安抚司

北宋时仅河北、河东、陕西及广东、广西等路常置安抚司，南宋时才成为各路均设的机构。安抚司俗称"帅司"，其职权是"掌一路兵民之事。皆帅其属而听其狱讼，颁其禁令，定其赏罚，稽其钱谷、甲械出纳之名籍而行以法"[1]。浙西安抚司参议官厅在军将桥东，之前一直没有单独的官署建筑，寄寓他处。端平三年（1236），任一震主管机宜文字厅，在丰豫门北城下旧官署基础上予以扩建。任一震"慨以白帅户侍赵公与欢，帅慨许之，捐金二十万，

---

[1]　[元]脱脱等：《宋史》卷一六七《职官七》，中华书局，1976年，第3960页。

佐以竹木，而赵侯亦自上饶以二十万相其役，畿漕谟阁赵公以夫喜而书其匾，又益以木。于是闳闳坚崇，匾颜昭揭"[1]，很快竣工。

2. 两浙转运司

两浙转运司的职权是："掌经度一路财赋，而察其登耗有无，以足上供及郡县之费；岁行所部，检察储积，稽考帐籍，凡吏蠹民，悉条以上达，及专举刺官吏之事。"要而言之，主管两浙路财政税赋，纠察、举荐两浙路官吏。

两浙转运司衙，旧在双门北，为南、北二厅。南宋初，迁往丰豫门南渡子桥西普安桥，建有东、西二厅。"绍兴三年三月一日，诏以两浙转运司两廨舍充新除参知政事席益、签书枢密院事徐俯府第，其退下位次却充本司解宇。"

（二）临安府幕属官厅

南宋府衙一般置知府一员，通判二员。其属官有签书判官厅公事、节度推官、观察推官、观察判官、录事参军、左右司理参军、司户参军、司法参军各一员，另有城东、西都巡检使各一员，城南、北左、右厢公事各一员，负责府城的治安及处理一般的民事纠纷。府的长官一般称"知某府军府事"，简称"知府"，以文臣朝官以上、武臣刺史（从五品）以上充任。其副长官为"通判某府军府事"，简称"通判""府判"。宋孝宗乾道七年（1171），曾以皇太子赵惇领临安府尹，并以晁公武为少尹。临安府与其他州府不同的是，临安府通判有三员，其余设置如上所述。

临安府通判官署位于临安府治南面，有通判北厅、隐秀斋、浩春堂、平远楼、凤凰亭、通判南厅、风月堂、南楼、通判东厅。咸淳五年（1269），临安知府潜说友予以重行修治，"内外一新，其堂楼亭宇，皆为匾以古篆"。

另有当直司、教授东厅、金书判官厅、观察判官厅、节度推官厅、府院、左司理院、右司理院、司户参军厅、司法参军厅、城南厢厅、城北厢厅等。

---

[1] [宋]汤中：《主管机宜文字厅厅壁记》，引自潜说友：《咸淳临安志》卷五三《官寺二·浙西安抚司》，第2册，浙江古籍出版社，2012年，第947页。

（三）赤县

宋代县分为赤、次赤、畿、次畿、望（四千户以上）、紧（三千户以上）、上（二千户以上）、中（千户以上）、下（不满千户）、下下（五百户以下）十等。

临安府辖钱塘、仁和两个赤县。

1. 钱塘县

钱塘县治原在钱塘门里30步，因修建景灵宫，钱塘县治迁于纪家桥西北，以华严寺故基重建，离临安府治约4宋里，原址改为景灵宫车马门。县丞厅在县衙东面，嘉熙四年（1240）迁徙到簿解西面。主簿厅在县衙西面。

2. 仁和县

仁和县治原在余杭门里梅家桥西，"徙仁和县治，以其址为北省仓"。绍兴三年（1133），县令孙延直将县治迁于招贤坊天水院桥南面、大理寺东面。此后近百年的时间里面，没有予以大修。"距今殆不止百年，屋老且腐。绍定壬辰，胡君巨卿来领县，至之日，顾瞻庭宇，梁扶栋杜，岌岌动摇，且起视事，如坐岩墙之下，凛乎其将压焉。"[1]绍定五年（1232），县令胡巨卿重建。仁和县学在县衙东面。县丞厅原在县治西面，后改为大理寺，迁至观桥附近的普宁坊。主簿厅原在县治东面，后其地被仁和县学所用。

---

[1] [宋]潜说友：《咸淳临安志》卷五四《官寺三》，第6册，浙江古籍出版社，2012年，第1907页。

三、中央官署遗址

南宋中央官署遗址主要发现有三省六部遗址。三省六部位于上城区紫阳街道南端，西靠云居山，东贴中山南路，南隔万松岭路与南宋皇城遗址相对，北达严官巷，距鼓楼约900米。迄今为止，对南宋三省六部遗址的考古发掘有两次，即1994—1995年杭州卷烟厂的大马厂巷基建工地和2003—2004年杭州严官巷工地的考古发掘。

（一）杭州卷烟厂的大马厂巷基建工地考古发掘

1994年11月—1995年5月，杭州市文物考古所对杭州卷烟厂基建工地进行考古发掘，发掘面积共1250平方米，以南北走向的大马厂巷为界，发掘工作分东、西两区进行。通过试掘发现，在南宋层的上面有4个叠压关系的地层，清理出南宋、元、明、清代代相叠压的遗存，其中揭露了南宋时期的大型房基、水沟、暗井等遗迹。

杭州卷烟厂的南宋建筑遗迹位于西区，发现了一处大型房屋官衙基址，主体包括门楼、走廊、房基三部分。从遗存情况考察，有门楼柱础石、砖铺筑走廊，廊沿边有矮墙和仿木砖雕花儿。房基可分为前厅、天井、后厅等组成部分。房基地面用素面长方形砖铺砌，而且平面砌筑的花纹多样，有羽毛纹、席纹、人字纹、鹿纹等，为建筑本身增添了内在美感；天井的地面亦用砖铺砌，面宽8.7米，且尚未到边。

房基范围内有发达的水沟、暗井等排水设施，用材、砌筑都很讲究，显示了南宋时期对地下排水系统的重视，而且排水设施设计科学，排水通畅。此外，在卷烟厂基建工地的考古发掘中，在三省六部遗址范围内发现了一段砖砌道路遗迹，用香糕砖错缝侧砌而成，路面砌筑十分考究。

该建筑遗迹发掘出土的文物有南宋官窑、定窑、龙泉窑、越窑、磁州窑、景德镇窑、建窑等著名窑口的瓷片标本。出土瓷器器型繁多，仅南宋官窑器就有弦纹长颈八棱瓶、碗、盘、炉等。定窑器中以碗、盘为主，有的器物口沿还镶有银边，纹饰精致，制作规整，是白瓷中的上品。龙泉窑瓷是出土较多的产品之一，其中有件龙泉窑碗，釉色粉青，釉质浑厚莹润，在当时亦属不易多得的佳品。一件景德镇窑生产的青白瓷人物造像，虽已残破，但其质地纯净，釉色晶莹，造型优美，线条流畅，反映了当时瓷器生产工艺技术的高超水平。此外，在南宋层还出土了一件石雕"开光"覆莲纹须弥座，长、宽各105厘米，高54厘米，雕刻精细，线条流畅。

（二）严官巷工地的考古发掘

2003年12月，为配合万松岭隧道东接线（严官巷段）的工程建设，杭州市考古所进驻严官巷考古工地，进行了长达大半年的考古发掘。该工地以严官巷为界，分南、北两个区开展工作。其中南区发现了官署北围墙以及河道遗迹。围墙呈东西走向，下部为块石基础，上部为夹泥砖墙，部分已被破坏。块石基础分为内外两部分，外侧是一堵石构的墙体，用不甚规则的块石叠砌三层，缝隙处以碎石填充，相互拼接黏合而成；内侧夯筑与石墙等高的黄土。夹泥砖墙筑在块石基础上，两侧较块石基础略内收，外侧用砖叠砌三层包边，中间以泥土填充夯实。

河道遗迹与三省六部北围墙平行，紧靠南宋三省六部官署北围墙遗迹的北侧。河道遗迹揭露部分长8.8米，南侧驳岸由红褐色的砂岩石块垒砌而成，驳岸揭露高度1.1米。底部外侧是一层经过夯筑的黄土，夯土层用大小均匀的河卵石铺底，夯土面之上用不规则的块石3—4层砌筑，缝隙处垫以碎石，经拼接黏合成为一堵石构墙体。驳岸顶部的长方形压阑石由琢磨规整的乳白色太湖石平铺而成，上压三省六部北围墙。

与上述遗迹伴出还有大量南宋时期的瓷器、钱币、铜镜、建筑构件等。瓷器分属于南宋官窑、龙泉窑、越窑、建窑、景德镇窑等窑口，其中的南宋官窑洗、青白瓷粉盒，龙泉窑青瓷香炉等宋代瓷器，釉色晶莹，制作精美。值得一提的是，除了众多精美的瓷器之外，有一件南宋龙泉窑青瓷碗非常难得，口沿与腹壁上清晰可见修补过的痕迹，是我国现今发现年代较早的补碗技术的实例。出土的宋代建筑构件包括筒瓦、板瓦、鸱吻等，其中一件莲花纹瓦当形体硕大，直径达23厘米，在南宋临安城考古发掘中尚属首次发现。

南宋三省六部官署是在位于皇宫北面的显宁寺的基础上扩建而成，但对其具体范围学术界一直颇有争议。严官巷发现的三省六部北围墙遗迹，确定了三省六部官署北界的确切位置，而大马厂巷发现的三省六部官署建筑，为了解南宋时期中央官署建筑的官式做法提供了宝贵的实物资料。这两处三省六部重要遗迹的发现，以翔实而直观的实物资料，弥补了文献记载的不足。

四、临安府治遗址的发现

作为南宋的行在所，临安府地位远较其他州府要高；同时，临安府皇亲贵胄、高官重臣众多，身为临安知府所受掣肘颇多。据文献记载可知，南宋一朝临安知府更换的频率很高。朝廷在选派临安府知府时，也煞费苦心。临安知府大多由宗室和亲信等"卿监、从臣监"，甚至曾委派皇太子任临安知府。宋孝宗为历练太子，曾于乾道七至九年（1171—1173）令皇太子知临安府，专称"府尹"。这些都体现出临安府行政管理机构临安衙署的重要性。

2000年5—8月，杭州市考古所对荷花池头旧城改造工程工地进行了考古发掘，其出土遗存被认为是南宋临安府治遗址。临安府治遗址位于杭州市上城区荷花池头一带，南起河坊街，北至三衙前，东依劳动路，西邻南山路，总面积超过百亩。

（一）荷花池头旧城改造工程

2000年5—8月，杭州市文物考古所为配合杭州市上城区荷花池头旧城改造工程，对该遗址进行了抢救性考古发掘。考古分两个阶段进行，第一阶段为5—6月，发掘面积170平方米，发现了以"变形宝相花"印花方砖铺地的正厅、素面方砖铺地的厢房以及砖砌排水设施的天井等遗迹；第二阶段为7—8月，因发掘区中部有现代建筑，故发掘工作分南、北两区展开，两区相距27米，南区发掘面积410平方米，北区发掘面积470平方米，共计880平方米。此次发掘发现了厅堂、西厢房、庭院、天井、水井等遗迹，揭露了明、元、南宋时期的地层叠压关系，出土了大量建筑构件、生活用具以及练兵器材等遗物。

该遗址的地层堆积可分为5层（以T3西壁为例）：第1层为现代层，土色灰褐，土质较硬，出土近现代遗迹和遗物；第2层为明代文化层，灰黑色土，土质松软，夹有大量碎瓦片，出土遗物以明代青花瓷片为主；第3层为元代文化层，土色灰黄，土质较硬，多为夯土地面，出土遗物以龙泉青瓷为主；第4层为宋末文化层，黄褐色土，质硬，出土遗物较少，见有少量青瓷和青白瓷；第5层为南宋文化层，土色灰黄，土质较松，夹有大量炭灰和火烧过的砖瓦，出土遗物以青瓷、青白瓷、建筑构件为主。第5层以下为南宋临安府的建筑地面。

本次发掘明代地层主要遗迹包括储水设施遗迹、房屋遗迹和夹泥砖墙遗迹。元代地层中包括房屋基址两处、水井遗迹一处。宋末地层遗迹为砖铺路面遗迹。该遗址出土的主要遗迹都属于南宋时期，发现了一组以厅堂为中心，前有庭院后有天井，周围有厢房和回廊环绕的封闭式建筑群。经发掘初步确认为南宋临安府府治诵读书院的厅堂、天井、西厢房、庭院、水井等遗迹。

厅堂遗迹　该遗迹南北长34.4米，东西宽16米。厅堂建在用黄黏土夯筑而成的台基上，台基高约0.8米。该台基的底部以青砖双层错缝平铺砌筑，上面的压阑石皆用灰白色水成岩制作。北区厅堂（包括后廊）揭露部分长16米，宽6.9米，中心部位用边长33厘米、厚7厘米的"变形宝相花"印花方砖墁地，残存面积约22平方米。厅堂与西厢房地的素面砖之间用长32厘米、宽10厘米、厚5厘米的长方形青砖相隔。

"变形宝相花"砖铺地面遗迹

南宋层"变形宝相花"花纹砖

厅堂前廊和后廊皆用长32厘米、宽29厘米、厚7厘米的素面方砖墁地。后廊西端尚残存灰白色太湖石柱础一块。根据与厅堂后廊相邻的天井的宽度及其与这个柱础的间距判断，该厅堂应面阔三间。遗迹的中间部分因被现代建筑叠压未能发掘，故厅堂的内部结构情况尚不清楚，推测有前后两进。

厅堂和天井遗迹

天井遗迹　位于厅堂后廊的北部，东西长12.8米，由于北半部被现代道路叠压，无法清理。清理宽度仅为5米，地势东北高、西南低。天井西端有一条南北向与西厢房台基压阑石平行的排水沟，水沟距压阑石约0.8米，沟宽0.66米，深0.1米，横断面为内凹的曲面。该排水沟从北向南通过石构过壶门伸入厅堂底部，成为暗沟。

厅堂底部暗沟的两壁用长条砖错缝砌筑，上层的条砖横置，并以方砖压面，阴沟洞上宽下窄，呈梯形。天井东侧和南侧各有一条与台基平行的散水，两者垂直相交，皆用青砖错缝竖砌。东侧散水与台基之间相距2米，用素面方砖平铺砌筑。

西厢房遗迹　位于厅堂的西侧，分布于南北两个发掘区内。北区揭露面长13米，南区揭露面长27.5米，南北两侧均未到头，加上中间未揭露部分，长度至少为70米。西厢房建在一座用黄黏土夯筑而成的台基上，其南段和北段的压阑石与厅堂台基的前后压阑石相连，压阑石和下面基础的营造方式及用材均与厅堂的相同。

西厢房遗迹

西厢房散水及水井遗迹

水井细节

房屋地面用边长32厘米、厚4厘米的素面方砖或长35厘米、宽16厘米、厚4厘米的条砖铺地。在北区揭露的长14米、宽13米的范围内发现了柱础石4块、门砧石1块，这些柱础石、门砧石自东向西分为3排。南区揭露长27.5米、宽7米的范围内发现柱础石7块、门砧石2块，自东向西分作前后两排。西厢房被分为若干个单间，每间面宽5.2米、进深9.8米。西厢房后檐墙基础的西侧，有一层用砖砌筑的散水和道路遗迹，揭露部分宽3.5米，其西部尚压在地层中。

庭院遗迹 位于南区西厢房的东面、北面和西面，分别与厅堂和西厢房的踏道相连，揭露部分南北长25米，东西宽16.1米。庭院遗迹西侧是一条与西厢房台基压阑石平行的排水沟，用青砖竖向错缝砌筑。排水沟宽0.7米、深0.1米，揭露部分长23.3米，与厅堂底部的排水沟相连，用长方形砖平铺成人字纹。

水井 位于南区北部、庭院排水沟的北端。该水井用长30厘米、宽26厘米、厚4厘米的青砖平砌，平面呈七边形。底部为黄色夯土，以上逐层错角叠砌，每层对边距离0.58米，进深4.54米，井内出土南宋陶罐等物。

南宋层西厢房外排水沟细节

荷花池头旧城改造工程考古工地南宋地层出土了大量的建筑构件、陶瓷器、石器、铜钱等遗物。建筑构件除各种规格的砖外，还出土了数量较多的板瓦和筒瓦。板瓦为泥质灰陶，截面呈四分之一周的弧度，一端大，一端小，瓦面和瓦沟均饰稀疏的布纹。筒瓦亦为泥质灰陶，截面为半圆形瓦背，光素无纹，瓦沟内饰稀疏的布纹。出土瓦当皆圆形，有凸起的外廓，内饰七瓣莲花纹，莲花纹周围饰连珠纹。建筑构件还见有泥质灰陶的鸱吻和印花方砖。其中，印花方砖长34厘米，宽32厘米，厚7厘米，模印变形宝相花。鸱吻标本，长、宽均为34厘米，厚2厘米，上有一凸起的圆形巨眼。

出土瓷器有定窑的白瓷、龙泉窑的青瓷等。器型有镶银边的斗笠碗、白瓷印花碗、龙泉窑青瓷碗、兔毫盏等，其中有内壁印有花蝶纹的定窑白瓷碗、内壁印卷云纹的龙泉窑青瓷碗等，釉色莹澈，做工考究，具有较高的文物价值。另外还出土有陶罐、灯盏残器等。

　　出土石器包括磨刀石、石球、红砂岩界碑等，石质有青石、灰白色太湖石、红砂岩等。石球共34只，分大、中、小三档，其中大球10只、中球12只、小球12只。质料有青灰石、灰白石和灰红石三种，通体浑圆，外表粗糙。从《咸淳临安志》临安府治总图中可知，发掘遗址紧邻教场，故推测这批石球为当时教场的练兵器材。出土巨型磨刀石一块，为红砂岩质，表面使用痕迹十分明显。红砂岩府治界碑，表面磨光，长方形上端委角，阴刻楷书两行，残存27字："府打量清河坊人巷至龙舌头丈陆尺仰居民不得侵占如违重作施。"字的刻痕内发现有红色残迹。

石球

五、南宋府学的考古发现

2003年夏，清波街道、杭州碑林（今杭州孔庙）西侧的新民村一带进行住宅建设。该地块位于新民村的东北部，南为浙江省气象局，距河坊街约220米；北临景云村小区住宅，距中国美术学院南山校区南围墙约25米；东近劳动路新村小区住宅及杭州碑林（今杭州孔庙），距劳动路约160米；西邻毛源昌信义光学眼镜有限公司，距南山路约165米。2000年在该地块前发掘了南宋临安府治遗址。2003年7—10月，杭州市文物考古所为配合上城区荷花池头（新民村）旧城改造工程，对该地块进行了抢救性考古发掘，发现了南宋至清代的建筑遗址。其中南宋建筑遗址位于临安府治遗址北面，与《淳祐临安志》记载的南宋府学所处位置相吻合。由此进一步证明，今日杭州孔庙内尚存的清代遗存大成殿即是府学建筑中祭祀先师孔子的"庙"。

绍兴八年（1138），南宋定都杭州，因当时兵燹不已，太学、武学、宗学等中央官学未及设立。在这样的特殊情况下，杭州府学便显得与众不同，取得了超然的地位和影响力。更在绍兴十二年（1142）增修为全国最高的学府——太学。杭州府学旧有宣圣庙，俗称孔庙，

南宋府学府治位置示意图

在府治之南，子城通越门外凤凰山之右。南宋绍兴元年（1131）于凌家桥慧安寺故基重建府学，此后杭州府学孔庙曾多次增辟规模。淳祐六年（1246），宋理宗赐孔庙御书"大成殿"匾。

2003年的这次发掘共发现了5个文化层，其中第1层主要包含近现代遗迹、遗物，第2层为清代地层，第3层年代为元至明早期，第4层年代为南宋晚期至元

水池遗迹

代，第5层的年代下限为南宋中期。据文献记载，南宋府学自建立后的数百年，地址未曾发生移易，至明清依旧沿用。此次发掘分别于南宋地层下发现了两处房址，南宋晚期至元代地层下发现了一处房址，元代至明早期地层下发现了两处房址和一处水池遗迹，清代地层下发现了两处房址。

南宋时期建筑遗迹主要叠压在第4层和第5层下。第5层（南宋中期文化层）下叠压了6号房址和7号房址，其中6号房址部分叠压在7号房址上。第4层（南宋晚期至元代文化层）下叠压了5号房址。现将南宋时期的建筑遗迹简要介绍如下。

7号房址包括夯土台基、砖铺路面、廊道、甬道、散水、窨井及排水暗沟等遗迹，据地表深约1.72—2.7米。夯土台基发现两处（F7-1、F7-2），分布在廊道的北侧和西侧。廊道残长13.2米，宽3.1米。

廊内地面为长方砖墁地，廊道的砖铺地面下另有两层铺砖，砖面均有残损，两层砖面之间铺有一层厚约0.03—0.06米的黄黏土。甬道北接廊道，南连砖

府学遗址全景

第5层下遗迹F6、F7（西北—东南）　　　　F7廊道西半部（东—西）

第5层下遗迹F6L1、F6L2（东—西）　　　　第4层下遗迹F5全景（东—西）

铺地面，北部与6号房址路面相连。路面主体以28厘米×7.5厘米×3.5厘米的长方砖横向侧砌而成，中间高，两侧低，路面磨损明显，两侧各以相同规格的一列长方砖横向侧砌包边。路面西侧中部有一方形石材，边长32厘米，略低于路面。7号房址发现的排水设施有散水、排水沟和窨井。

散水遗迹共发现四部分，分别是廊道南侧散水、F7-2台基东侧部分散水、F7-3北侧部分散水以及甬道两侧部分散水。排水暗沟发现3条，廊道的西南侧还发现了一处窨井。

6号房址距地表深约1.5—2.6米，包括夯土台基、甬道和砖铺地面。夯土台基发现一处，以方砖墁地，方砖边长40厘米×6厘米。方砖墁地下为一层灰黄色黏土基础，厚约0.08米。甬道发现两处（F6L1、F6L2），其中一条位于7号房址廊道以南、甬道以西，叠压在7号房址夯土台基、廊道以及甬道散水上。路面主体以长28厘米、宽7.5厘米、厚3.5厘米的长方砖横向侧砌。东段与7号房址附近甬道路面紧密相连，北侧以两列长27厘米、宽6厘米、厚4厘米的长方砖纵向侧砌包边。

该路段中段北部有一方形础石，础石边长33厘米，厚8厘米。另一条甬道叠压在5号房址夯土台基下、7号房址夯土台基上，残长2.1米，残宽3米。发现的砖铺地面是在7号房址部分基础上夯土填平而成，较薄，再在其上铺砖。揭露部分南北长3.1米，东西宽8.9米，仅发现部分夯土基础及砖面。

南宋晚期至元代的房址为5号房址。距地表深1.5—2米，包括夯土台基、散水和夹道遗迹。残存夯土台基4处（F5-1、F5-2、F5-3、F5-4），包括夯土台心和砖砌台壁。散水发现两处（F5-1台基南侧散水、F5-2台基东侧散水）。均南长方砖侧砌而成，紧贴台壁。此外还发现了两处夹道遗迹。

二号夹道遗迹

第八章
南宋临安城中的"私宅"

一、杨皇后宅遗址

恭圣仁烈皇后宅的位置，文献中记载"浅山，在漾沙坑，今杨郡王府前，对山有大佛寺、七官宅新粮料院"。由于恭圣仁烈杨皇后宅此后曾作为杨郡王府，因此在《咸淳临安志》中以杨郡王府称之。"七官宅，在郭婆井"，而郭婆井现存，在该遗址东南约400米。2001年4月，在浙江中大集团吴庄基建工地发现了瓷片和铜钱等文物。2001年4—7月对吴庄基建工地进行了考古发掘，发掘的遗址南北长42.7米，东西宽29.6米，总发掘面积1650平方米。该遗址建筑规模宏大，营造与用材十分考究，出土遗迹包括房屋基址（5座）、庭院、夹道（3条）以及水井等，此外还出土了南宋官窑、高丽青瓷等等级较高的珍贵瓷器。恭圣仁烈皇后宅遗址的发现为研究南宋"诸后宅"提供了可考的考古资料。该遗址被评为"2001年全国十大考古新发现"。

该遗址大体可分为四个时期，最上面一层为吴庄工地建设前平整土地的堆积和近现代废弃物堆积；第二层堆积形成于清代末年；第三层堆积最迟形成于元代末年；第四层堆积的形成年代为元代初年。恭圣仁烈皇后宅遗址叠压在第四层下，废弃年代当为宋末元初。恭圣仁烈皇后宅遗址5座房屋基址均建筑在夯土台基上，其中有4座房屋基址的台基连成回字形，围合成一个相对封闭的长方

123

形庭院，并各有伸向庭院的踏道。1号房址位于庭院的南端，4号房址位于庭院的北端，2号和3号房址分别位于庭院的东西两侧，5号房址位于1号房址的南侧偏东。庭院内现存水池、假山、散水、条砖墁地等遗迹。3条夹道中1号夹道位于回字形台基的东侧，2号夹道位于1号房址与5号房址之间，3号夹道位于5号房址的东侧。水井位于1号夹道的北部。

夹道遗迹

经考古发掘，并对照文献记载，可以确认此处遗址为南宋恭圣仁烈皇后宅的一进院落或是其后花园。在南宋临安城的考古发现中，恭圣仁烈皇后宅遗址是较为完整的南宋官式建筑的一个代表，由此可以看出南宋官式建筑的构成与特点。

建筑的形制与特征受地理条件的影响较大，汉唐以后，我国北方地区以黄河流域为中心营构了以四合院式宅居为基础结构的各种宅第，而江南地区受北方南下大家族的影响，大户人家在本土杆栏式建筑的基础上沿用学习了中原地区的合院式民居。这种合院式建筑依据天井的大小，可分为天井式、庭院式和庭园式。一般的合院式民居围成的天井较小，天井约为20—30平方米，甚至更

恭圣仁烈皇后宅遗址全景（东北—西南）

水池与1号台基之间的墁地

小，庭院式则在40平方米左右，庭园式的院落就较大了。

江南传统民居大户人家与小户人家的另一个差别在于，前者的房屋建筑由栋组成合院，由合院组成群落；小户人家则是一字形，三间或五间，或一字形旁加辅助用房。

恭圣仁烈皇后宅由4座建筑的夯土台基连在一起形成"回"字形，围成一个封闭的长方形庭院。庭院南北长26.65米，东西宽17.2米，面积约400平方米。庭院地面用规格为30厘米×8厘米×5厘米的条砖墁地，庭院中部有水池，水池与位于庭院北侧的房屋之间有假山。从天井的规模来看，该建筑应该属于规模较大的庭园式建筑。其中1号房址夯土台基上发现了柱础石和柱础坑，推测1号房址为七开间建筑，进深三间，当心间面阔4.77米，东西次间面阔4.12米，东西梢间面阔4.45米，东西尽间面阔4.1米。1号房址通面阔为30.1米，通进深9.56米。建筑采取了减柱造，使中间厅堂的面积达到了124.38平方米。

1—4号房址围成了一个回字形台阶，1号房址台基比2、3、4号房址台基高出约0.1米，由此确定，1号房址为该组建筑群的主体建筑。1号房址位于院落的

恭圣仁烈皇后宅遗址水池全景（东南—西北）

假山及假山洞内的砖砌道路

南部，可见该建筑群的主体朝向为坐南朝北。皇后宅遗址所在的中大吴庄基建工地位于云居山北麓缓坡上，周边地势南高北低，北面为云居山，南面面向西湖。恭圣仁烈皇后宅坐南朝北的布局与其所在的地理位置应该有一定的关系。

　　台基是中国古代官式建筑的有机组成部分，目前发现的恭圣仁烈皇后宅遗址主体建筑基本建在一个回字形夯土台基上，回字形夯土台基台心用黄黏土夹杂小石块、瓦砾夯筑而成，周边用砖石包砌成台壁。部分夯土台基上残存角柱、角石、压阑石等建筑遗存。角石、角柱和压阑石是台基的重要组成部分。皇后宅遗址回字形台基上的4座建筑中1号房址发现了角柱、角石和压阑石，与1号房址相对的位于庭院北侧的4号房址仅发现了残存的压阑石。1号房址台基的东北角和东南角各存一角柱，角柱位于台壁的交接处，与台壁紧密连在一起，在东北角的角柱之上尚存一角石，位于1号房址的东南侧。不在此回字形台基上的5号房址，台心的营造方式与回字形台基相同，但在台壁的转角处没有设置角柱石，直接用砖垒砌。

　　《营造法式·石作制度》规定："造角石之制：方二尺。每方一尺，则厚四寸。""造角柱之制：其长视阶高；每长一尺，则方四寸。柱虽加长，至方一尺六寸止。""压阑石之制：长三尺，广二尺，厚六寸。"角柱的平面呈正方形，边长32厘米，高60厘米，折合成宋尺为边长1.04尺，高1.94尺。角石的横截面呈正方形，边长55厘米，厚15厘米。角石的尺寸折合成宋尺为边长1.78

3号房址台基及踏道 台阶遗迹

4号房址踏道及象眼

1号房址台基角柱　　　　　　　　　　　　2号房址台基下排水暗口

尺，厚0.49尺。角石与角柱的规格与《营造法式》记载官式建筑的用材规格虽有出入，但大体上是相符的。恭圣仁烈皇后宅遗址发现的唯一的一块压阑石位于F1台基东侧台壁之上，水成岩质，灰白色，横截面呈长方形，长75厘米，宽27厘米，厚15厘米。发现的压阑石折合成宋尺为长2.43尺，宽0.87尺，厚4.9寸，与营造法式中提及的压阑石尺寸相比略小。

　　恭圣仁烈皇后宅遗址出土的部分筒瓦和板瓦，基本可以确定为南宋恭圣仁烈皇后宅建筑倒塌后残存遗物。

　　从出土陶瓷器可以看出恭圣仁烈皇后宅主人身份尊贵。遗址水池内出土遗物以及遗址的第四层堆积没有晚于元代早期的遗物，所出遗物主要为部分陶制建筑构件以及大量的陶瓷器。水池中出土瓷器主要为青瓷、白瓷以及青白瓷等。青瓷中包括南宋官窑、龙泉窑、汝窑、高丽青瓷以及部分未确定窑口的瓷器残片。白瓷有定窑、磁州窑和景德镇窑仿定窑产品。青白瓷均为景德镇窑产品。遗址第

遗址出土南宋官窑瓷片

四层出土瓷器中青瓷包括龙泉窑、越窑产品以及部分未定窑口瓷器。白瓷均为定窑产品，青白瓷为景德镇窑产品。出土的黑（酱）釉瓷为遇林亭窑产品，此外还有部分未定窑口的酱釉瓷等。水池中以及遗址第四层出土瓷器十分精美，质量上乘。

二、杨皇后的传奇一生

《宋史》记载：庆元元年（1195）三月杨氏封为平乐郡夫人，庆元三年（1197）四月进封婕好，庆元五年（1199）进封婉仪，庆元六年（1200）进封贵妃。南宋宁宗的恭淑皇后死后，后宫无主。当时，杨贵妃和曹美人都得到宁宗皇帝的宠爱，宰相韩侂胄认为杨贵妃爱耍权术，而曹美人性格温顺，就劝宁宗皇帝立曹美人为皇后。由于杨贵妃博览群书，知古通今，为人也很机警，宁宗皇帝最终还是立了她为皇后。

对于杨皇后的生平，《宏农杨氏宗谱》也有记载："恭圣仁烈皇太后，宋宁宗之后，永阳王纪公之女也。闺讳桂枝，初封郡夫人，庆元三年进婕好，又进贵妃。嘉泰二年十二月甲申立为皇后。理宗即位，尊为皇太后，垂帘称制。后崩，谥恭圣仁烈……"[1] 绍定五年（1232）十二月壬午日，皇太后死于慈明殿，享寿七十一岁。由于杨皇后在位时间较长，且具有政治才干，杨氏族人多有荫庇。"杨次山，字仲甫，恭圣仁烈皇后兄也，其先开封人……后受册，除福州观察使，寻拜岳阳军节度使。后谒家庙，加太尉。韩侂胄诛，加开府仪同三司。寻进少保，封永阳郡王……（杨次山）子二人。谷，至太傅、保宁军节度使，充万寿观使、永宁郡王。石，字介之，乾道间入武学，以恭圣仁烈后贵，赐第……后览奏，即

杨皇后坐像

［1］ 鲍艺敏：《南宋恭圣仁烈杨皇后籍贯考》，《南方文物》，2003年第4期，第104页。

命择日撤帘。进石少保，封永宁郡王。"[1]

杨皇后为人沉着机敏，有政治才能，对南宋中后期的政局产生过深远影响。《宋史》卷二四三《后妃传》："（嘉定）十七年闰八月丁酉，帝大渐。弥远夜召昀入宫，后尚未知也。弥远遣后兄子谷及石以废立事白后。后不可，曰：皇子，先帝所立，岂敢擅变？是夜，凡七往反，后终不听，谷等乃拜泣曰：内外军民皆已归心，苟不立之，祸变必生，则杨氏无噍类矣。后默然良久，曰：其人安在？弥远等召昀入，后拊其背曰：汝今为吾子矣。遂矫诏废竑为济王，立昀为皇子，即帝位。尊皇后曰皇太后，同听政。宝庆二年十一月戊寅，加尊号寿明。绍定元年正月丙子，复加慈睿。四年正月，后寿七十，帝率百官朝慈明殿，加尊号寿明仁福慈睿皇太后。十二月辛巳，后不豫，诏祷祠天地、宗庙、社稷、宫观，赦天下。五年十二月壬午，崩于慈明殿，寿七十有一。谥恭圣仁烈。"

历代以来后妃参与废立本为大忌，而诛杀韩侂胄事则更为杨皇后招来挟私弄权的诟病。韩侂胄曾经反对宁宗立杨氏为后，支持看上去更为柔顺的曹美人，但宁宗权衡再三，还是立杨氏为后。这当然引起了杨皇后对韩的不满。宋人周密《齐东野语》中《诛韩本末》对杨皇后集团谋诛韩相的描述相当富有戏剧色彩："杨次山与皇后谋，俾王子荣王曮入奏，言侂胄再启兵端，谋危社稷。上不答。皇后从旁力请再三，欲从罢黜，上亦不答。后惧事泄，于是，令次山于朝行中择能任事者。时史弥远为礼部侍郎、资善堂翊善，遂欣然承命。钱参政象祖尝以谏用兵贬信州，乃先以礼召之。礼部尚书卫泾、著作郎王居安、前右司郎官张镃，皆预其谋。议既定，始以告参政李璧。""弥远闻之，大惧，然未有杀之之意，遂谋之张镃。镃曰：'势不两立，不如杀之。'弥远抚几曰：'君真将种也，吾计决矣。'时开禧三年十一月二日侂胄爱姬三夫人号'满头花'者生辰。张镃素与之通家，至是，移庖侂胄府，酣饮至五鼓。其夕，周筠闻其事，遂以覆帖告变。时侂胄已被酒，视之曰：'这汉又来胡说。'于烛上焚之。初三日，将早朝，筠复白其事，侂胄叱之曰：'谁敢？

---

[1] [元]脱脱等：《宋史》卷四六五《外戚下·杨次山传》，中华书局，1976年，第13595页。

谁敢？'遂升车而去。甫至六部桥，忽有声诺于道旁者，问为何人？曰：'夏震。'时震以中军统制权殿司公事，选兵三百俟于此。复问：'何故？'曰：'有旨太师罢平章事，日下出国门。'曰：'有旨，吾何为不知？必伪也。'语未竟，夏挺、郑发、王斌等以健卒百余人拥其轿以出，至玉津园夹墙内，挝杀之。"

恭圣仁烈皇太后不仅在政治上有较大参与度，改变了南宋中晚期的政局，而且也颇具文学才能，擅长诗歌，现存作品见《二家宫词》所收诗52首。其诗歌主要描写宫廷生活，歌咏升平气象。如《宫词》第十三首："水殿钩帘四面风，荷花簇锦照人红。吾皇一曲薰弦罢，万俗泠泠解愠中。"杨皇后博学多才，是我国古代少有的以书法闻名的皇后之一。

杨皇后题《长春花诗》

有关恭圣仁烈皇后的籍贯，文献中记载："少以姿容入宫，忘其姓氏，或云会稽人……有杨次山者，亦云会稽人，后自谓其兄也，遂姓杨。"这种观点较为流行，但也有人认为恭圣仁烈皇后并非会稽人，而是淳安人。

1987年的淳安县文物普查中在淳安里商乡的皇后坪找到了宋恭圣仁烈皇后家族墓地，但是墓葬已经被破坏，尚存墓穴，仅在村民家发现有《宏农杨氏宗谱》流传。由于《宏农杨氏宗谱》并非考古发掘出土品，因而这一说法的真实性有待进一步考证。

三、临安城内的"府"与"宅"

宋朝时，等级制度森严，从宅第称谓中即可见一斑。"皇帝之居曰殿"，"皇太子宫曰东宫"，臣僚、庶民居住的宅第统称为"私居"。同为"私居"，主人身份不同，宅第称谓也不同，"私居，执政、亲王曰府，余官曰宅，庶民曰家"[1]。即亲王、执政大臣的宅邸称为府，一般大臣的宅邸称宅，庶民的住宅称为家。

从史料记载看，南宋朝廷官署机构分布比较集中，绝大部分位于临安城南和城西，而官员住所与办公地点一般相距不远。宅邸由官府负责修建，官员通常按部门聚居，例如宰执府安置宰相、执政，台谏宅为台谏官住所。很多位高权重的文武大臣由朝廷赐地单独修建宅邸，如秦桧府、贾似道府、岳飞府、韩世忠府等。

"诸后"在"法称戚里者，谓三后四妃之家"[2]。这里所说的"三后"包括太皇太后、皇太后、皇后。依照宋朝法律，诸后的娘家亲属与皇帝宗室亲属一样，属于皇室亲戚，因而诸后宅与宗亲宅相似，属于《宋史》所言"余官"居住的"私居"，故而称为"宅"。为皇族后族聚建宅第，依现有史料看，当始于北宋仁宗时期。其中宗亲宅的兴建，史料记载"景祐二年九月己酉，建睦亲宅、广亲宅"[3]。最早的一座北宋皇后宅是宋仁宗曹皇后为奉养父母亲所建，称为南宅。《续资治通鉴长编》记载："宣仁既修北宅以奉亲，其母两国太夫人李氏入谢，因请置潜火一铺。后曰：'但令公绘、公纪省事，岂解失火？'李夫人不乐。复曰：'曹家亦是听政时南宅创添潜火人。'后变色曰：'姐姐殊不思之甚也！二姐岂敢比娘娘？娘娘于赵氏有大功，不可引也。'因手札戒二高不得妄请，其家至今宝藏。"[4]此处所谓"二高"，指高公绘、高

---

[1] [元]脱脱等：《宋史》卷一五四《舆服六》，中华书局，1976年，第3598—3600页。

[2] 《宋史全文》卷二六上《宋孝宗五》，中华书局，2016年，第2146页。

[3] [宋]王称：《东都事略》卷五《仁宗一》，齐鲁书社，2000年，第37页。

[4] [宋]李焘：《续资治通鉴长编》卷三五四，元丰八年四月乙亥条，中华书局，2004年，第8475页。

公纪，是宣仁圣烈高皇后的侄子。目前可考的北宋时期建有皇后宅的有宋神宗钦圣宪肃皇后、宋神宗钦慈皇后、宋徽宗郑皇后、宋徽宗明节皇后、宋徽宗明达皇后。可见在北宋自宋仁宗以下，建皇后宅是一种较为普遍的现象。

宋室南渡，秉承旧制，南宋高宗绍兴三年（1133），改宋哲宗孟皇后谥号为"昭慈圣献"。同年"三月二日诏昭慈献烈皇后家依钦圣献肃皇后家例，合赐第，令平江府将朱勔宅园旧基拨赐，仍令本府修盖宅屋二十间"[1]。跟随宋高宗南渡至临安的邢皇后之母福国夫人熊氏请求建造皇后宅。绍兴三年三月"皇后母福国夫人熊氏言，家无居第，乞令临安府盖屋十五间为皇后宅，上不许，命以官屋假之"[2]。此事在《宋会要辑稿》中也有记载："（绍兴）三年三月二十三日，故赠开府仪同三司邢焕妻福国夫人熊氏言，本家见无居止，乞下临安府应副修盖瓦屋十五间充皇后宅位。诏令临安府踏逐空闲舍屋应副。"[3]

随着时局安定，临安作为行在所，南宋诸后宅得以逐一修缮（见表：南宋皇后、皇太后宅简表），这种宗亲、诸后亲属合宅聚居的方式一直延续到南宋灭亡。

南宋皇后、皇太后宅简表[4]

皇后、皇太后宅	昭慈圣献孟太后宅	显仁韦太后宅	宪节邢皇后宅	宪圣慈烈吴太后宅	成穆郭皇后宅	成恭夏皇后宅	成肃谢皇后宅	慈懿李皇后宅	恭淑韩皇后宅	恭圣仁烈杨太后宅	寿和圣福皇太后宅
地理位置	在后市街	在荐桥东	在荐桥南	在州桥东	在佑圣观侧	在丰乐桥北	在丰禾坊南	在后市街	在军将桥	在漾沙坑	在后市街

---

[1]　[清]徐松辑：《宋会要辑稿》方域四之二四，第15册，上海古籍出版社，2014年，第9343页。

[2]　[宋]李心传：《建炎以来系年要录》卷六三，绍兴三年三月戊寅条，中华书局，2013年，第1083页。

[3]　[清]徐松辑：《宋会要辑稿》方域四之二四，第15册，上海古籍出版社，2014年，第9343页。

[4]　[宋]潜说友：《咸淳临安志》，卷一〇《行存所录·诸后宅》，第1册，浙江古籍出版社，2012年，第391页。

第九章

南宋官窑

一、官窑历史

官窑就是官府经营的陶瓷器生产窑场。从产品的最终流向看，中国古代的官窑可区分为一般的官窑和专门生产御用瓷的御窑两种。所有由官府组织生产的瓷器都可称为官窑瓷器。官窑制度是宋代新创立的一种陶政体制，是由朝廷直接派人管理、产品由朝廷控制的官办窑场。官窑专为宫廷烧造瓷器用品，其制品臣庶不得用，宋、元、明、清诸代都设立有官府窑场组织和负责生产。

从文献记载看，这种官窑有北宋汴京官窑、南宋修内司官窑和郊坛下官窑、明代的御器场和清代的御窑场等不多的几处。御窑是官窑中的一种特殊类型，仅见于明、清两代。最著名的御窑是江西景德镇御器厂，是中央政府在景德镇设立的专门负责并组织生产御用瓷器的生产管理机构，御窑产品专供御用是其最显著的特色。

二、何谓"南宋官窑"

宋代是中国陶瓷业大发展时期。由于生产上的细致分工和完善管理、技术上的改进和创新、质量上的精益求精、生产量的剧增及出口贸易的促进，宋代瓷业蓬勃发展并形成南北方相对独立、各具特色的瓷窑体系。不仅如此，据清代有关文献记载，当时还出现了历史上颇负盛名的五大窑场——官、哥、汝、定、钧。其中，汝、定、钧皆是以地名命名的窑址，官、哥两窑则与之不同，相比之下，二者内涵比较复杂，一直是学界争议的焦点。

"官窑"（此处特指宋代官窑）是宋代为满足宫廷的特殊需要，以生产宫廷御用瓷器为主并由朝廷直接控制的官办瓷窑。据文献记述，宋官窑又有"北宋官窑"和"南宋官窑"之分。目前，北宋官窑只见于文献记载和为数不多的传世品，窑址始终未能发现，故学界对其认识有不同见解。"靖康之难"后，北宋王朝灭亡，北宋官窑也随之终结。宋室南渡，高宗皇帝赵构定都临安（今杭州），为了满足宫廷祭礼、陈设和日常生活等方面用瓷的需要，在杭州建立官窑，专门生产宫廷用瓷，被称为"南宋官窑"。

关于南宋官窑最早的记载见于元代陶宗仪《辍耕录》卷二十九"窑器"条转引南宋叶真《坦斋笔衡》内容："本朝以定州白瓷器有芒，不堪用，遂命汝州造青窑器，故河北唐、邓、耀州悉有之，汝窑为魁。江南则处州龙泉县窑，质颇粗厚。政和间，京师自置窑烧造，名曰'官窑'。中兴渡江，有邵成章提举后苑，号邵局，袭故京遗制，置窑于修内司，造青器，名内窑。澄泥为范，极其精致。油色莹澈，为世所珍。后郊坛下别立新窑，比旧窑大不侔矣；余如乌泥窑、余杭窑、续窑皆非官窑比，若谓旧越窑，不复见矣。"[1]这则文献出

---

[1]　[元]陶宗仪，《南村辍耕录》卷二九《窑器》，辽宁教育出版社1998年，第346页。

自南宋人之手，当朝人记述当朝事，其可信度是比较大的，所以一直以来都被认为是记录南宋官窑的重要文献。但是，就"中兴渡江，有邵成章提举后苑，号邵局"一说，似与史实不符。《宋史·高宗一》载："建炎二年正月辛丑，内侍邵成章坐辄言大臣除名，南雄州编管。"后文《宦者列传》又说："久之，帝思成章忠直，召赴行在……遂止之于洪州。"可见，邵成章除名后一直流放在外，不曾还朝，也就无所谓"中兴渡江"之说。那么，这里所谓的"有邵成章提举后苑，号邵局"，也有学者提出邵成章系"邵谔"之误，陆友《研北杂志》记载："绍兴中，秦桧为粉饰太平，用内侍邵谔主修礼乐器，百工隶之，谓之邵局。"因而"邵局"是存在的。总之，虽然这则文献与历史略有出入，但是就目前考古发掘情况来看，文献记述的南宋官窑建立的始末还是基本可信的。

另有《说郛》所录南宋顾文荐《负暄杂录》中的记载，与《坦斋笔衡》内容基本相同，故可信度极高。根据以上文献记载，南宋官窑至少应有两处主要窑址，即修内司官窑（"内窑"或"旧窑"）与郊坛下官窑（"新窑"）。其中，郊坛下官窑因明确记载临近南宋郊坛，故其窑址早在20世纪50年代即已被发现并确定。1984—1986年，南宋临安城考古队在杭州市乌龟山西麓进行了全面、系统的考古发掘，发现龙窑窑炉一座、作坊遗址一处，出土瓷片3万余片、窑具数千件。这些遗迹、遗物经过整理和复原，较全面地揭示了乌龟山南宋郊坛下官窑的基本面貌。而修内司官窑虽然建造年代早于郊坛下官窑，但由于位置记载较模糊，故直到1996年才在杭州市凤凰山与九华山之间的一条狭长溪沟内被发现，即老虎洞窑址。老虎洞窑址的发现解决了长久以来困扰学术界的南宋修内司官窑窑址所在的问题，被评为"2001年全国十大考古新发现"。

三、两处南宋官窑窑址的考古发现

（一）南宋修内司官窑

即为杭州老虎洞窑址，位于杭州市上城区凤凰山与九华山之间一条长约700米的狭长溪沟的西端。窑址现场为2000平方米的山岙平地，南距南宋皇城北城墙不足百米，距南宋郊坛下窑址约2.5千米。1998年5至12月、1999年10月至2001年3月，杭州市文物考古所对该窑址进行了两次较大规模的发掘。除了部分地层被有意保留外，该窑址的全部文化层均被揭露，实际发掘面积2300平方米。

老虎洞窑址南宋地层基本为南宋官窑烧造时期的遗存，现在将老虎洞窑址南宋官窑相关遗存做如下介绍。

龙窑　老虎洞南宋官窑窑炉可分为龙窑和馒头窑两种。龙窑为长条斜坡式，与南方传统龙窑很相似，以1号龙窑为例。1号龙窑自东北向西南延伸，方向55°，前低后高，残存斜坡长度约15米、宽1.35—1.98米、高差1.7米，由火膛、窑室、出烟室三部分组成。

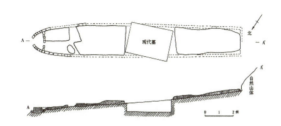

老虎洞窑址平面、剖面图

老虎洞窑址1号龙窑

火膛 位于窑炉的东端，山坡最低处，平面呈半圆形，东西长约0.73米。火膛后部有隔墙，墙宽1.3米。火膛以长37厘米、宽17厘米、厚7厘米的长方形砖错缝叠砌。其中南壁厚0.17米，残高0.19米；北壁厚0.17米，残高0.35米。火膛口宽约0.34米，低于窑室底部约0.23米。

窑室 呈斜坡状，仅存部分窑墙、窑底。窑墙用长方形砖错缝叠砌，残高0.35米，厚0.17米，窑墙内壁涂抹耐火泥，厚约0.04—0.06米。窑底为斜坡，仅存前半段。烧结面呈深蓝绿色，有釉质光泽，烧结层厚约0.06米。其下为红烧土层，厚0.1米以上。窑底残留部分碎匣钵，有平底和凹底两种，应为原始支垫遗存。

出烟室 位于窑炉尾部，破坏严重，仅存大量红烧土。

老虎洞窑址

馒头窑 老虎洞窑址的馒头窑为典型的半倒焰马蹄形窑炉，这种形制的窑炉在南方地区基本不见。馒头窑窑炉用香糕砖错缝平砌而成，炉壁外侧依炉形砌成护墙，墙与炉壁之间用黄泥填实，起到保温作用。以98LSY1为例，SY1的窑炉结构与宝丰清凉寺汝官窑址清理的Y1十分相似。炉总长1.8米，宽1.22米，残高0.89米，方向56°。SY1位于T18东北部，T19的东南和T27的西北之间，北距1号龙窑的窑头约2米，南边是9号作坊遗迹。压在T18、T19的2A层之下。

火膛 呈半圆形，长0.66米，宽0.92米，低于窑床面0.22—0.32米。火膛口宽约0.32米。窑门已残，从残迹可见其位于火塘前端，从火膛底起建。

窑床 为横长方形，西壁略鼓，长0.78米，宽0.99米，窑壁用长18厘米、宽8厘米、厚5厘米的长方形条砖砌建。后壁有5个方形烟火孔。窑底较平整，铺有长方形砖，大部分今已无存。

出烟室 呈半圆形，长0.18米，宽0.82米，残高0.5米。底部与5个烟火孔相通，也用长方形条砖砌建。部分烟火孔内塞有砖块，以调节排烟量。

护墙 在窑壁外，间隔约0.3—0.4米，用碎砖和废窑具平砌而成，厚约0.16米。火膛前端左右两侧护墙呈八字形，护墙内侧用黄黏土填充，主要起到保温的作用。

馒头窑尺寸较小，在窑床及窑炉周围发现大量素烧坯件残片堆积。馒头窑与龙窑相距较近、时代相同，故修内司官窑器应是先素烧，后施釉，再二次烧成。

老虎洞窑址清理了不同时代的作坊遗迹10座，其中南宋层发现了6座保存较好的房基。部分作坊制作精良，具有较高的等级。其中，F9位于窑址西部中间地带，为一座长方形的砖砌篷式建筑，北偏西48°方向，总长16.2米，宽6.8米，残高0.21米。保存有6块柱础石，前墙部3块，中间3块。从柱础石的位置来看，F9应为面阔六间、进深二间的建筑。在F9的平面上有一层0—0.7米的堆积，几乎全部是板瓦和筒瓦，只有少量的瓷片和窑具，极少见有砌边墙的砖，

老虎洞1号素烧窑98LSY1

老虎洞窑址作坊全景（2000年发掘现场）　　老虎洞窑址9号作坊

推测为F9坍塌后的堆积。由此可见，F9应是一座有柱和瓦顶而无边墙的篷式建筑，地势西高东低，呈阶梯状下降。从地面保存情况来看，F9可分为备料、陈腐、堆料、拉坯、晾坯等不同功用的几个区域，是一个完整的制坯作坊。作坊所用砖为规整的细泥质褐色青砖，即香糕砖。

　　澄泥池　共4个，池壁用砖石砌筑，位于F9的南面。最大的长4.2米，宽2.5米，残深1.7米。每个池底都有瓷土沉积。

　　釉料缸　位于F4内，共两只，南北向并列。口径64厘米，腹径72厘米。

老虎洞南宋窑址釉料缸遗迹

辘轳坑　位于F9内，开口于室内活动面，以残砖平铺成圆形坑口，直径约26厘米，深42厘米。坑壁四周用瓦片围砌，用以维护坑壁。坑底深入生土底部中心又有一直径约0.1米的装木轴的圆坑，深0.055米，内填黄色沙土。

辘轳坑

作坊有用平整的大石块砌成与山坡岩石相接并于底部置有砖砌散水的挡土墙，房基外侧用砖砌成倒梯形状的散水。从窑场的建筑材料和工场建筑物的遗存看，绝非一般民窑。特别是用香糕砖铺地的作坊和作坊外侧砌成倒梯形状的排水设施，以及用平整的大石块砌成与山坡岩石相接并于底部置有砖砌散水的挡土墙，在以往清理的古窑址中均极罕见。

出土器物与窑具　考古发掘主要揭露了杭州老虎洞窑址北宋早期、南宋和元代三个时期的遗存。其中南宋层出土的瓷器及窑具做工精良，窑炉及作坊的建造等级较高，代表了南宋时期制瓷技术的最高水平。

北宋早期遗存出土于遗址中最早的地层，这一层未发现重要遗迹，仅出土了少量的越窑类型瓷器，初步判断这些青瓷器并非本地生产。应该还是一处生活遗址。

南宋期地层又可分为早、晚两期遗存。

南宋早期地层为南宋初期，出土器物以日用陶瓷器为主，也有仿青铜礼器。本期出土器物的釉色主要有两类。一类为粉青，釉层较厚，釉色淡雅光洁，温润如玉。釉面布满大小不等的开片，大开片呈长条状，金黄色，小开片无色，部分呈鱼鳞状，露胎部呈铁黑色。此类釉多薄胎厚釉式器物。另一类为青灰色釉，以青灰色为主，略泛灰，釉色滢彻，釉面大多数有长条状大开片。

此类釉多厚胎厚釉器物，也有少量厚胎薄釉器物。这一期大量瓷片出土于4个瓷片堆积坑中，地层中出土瓷片较少。

瓷片堆积坑H2、H3

　　瓷片堆积坑有人工开挖的，也有就地势低洼处稍加修整而成的，大小深浅不一，形状以椭圆形为主，长方形次之。其中最大的堆积坑H22，长1.15米，宽0.85米，深0.3米。瓷片堆积坑形状规整，经过一定的加工，表面大多覆盖有纯净的黄土，坑中瓷片基本都能拼成完整器形或可复原器物。这种对作废产品的处理方法是避免残次品外流，符合官窑处理废弃品的特征。器物的装烧方式以用五头支钉支烧为主，少量大件器物采用了裹足刮釉的方法。外装具主要是较小的浅平底匣钵，一些大器可能采用裸烧的方法。这一期出土器物与宝丰清凉寺汝官窑出土器物有许多相似之处，体现了南宋官窑承袭北方汝官窑的传统。

南宋晚期地层仍为修内司官窑的烧造活动时期，出土器物在器物组合、装饰、釉色等方面与早期出土器物有许多相似之处，但是在早期占有相当比例的礼器在晚期变得少见，厚胎厚釉式器物较多，薄胎厚釉器物极少。与早期器物

出土瓷器

胎色相比，晚期胎色更深更粗，釉色以青灰色和青绿色为主，早期的粉青色釉少见。晚期的烧造方法与早期相比有了较大变化，器物中以垫圈支烧为主，只有少量小件器仍采用裹足支烧的方法，但支钉痕由5枚为主变为6枚为主。裹足刮釉的方法在瓶和套盒中仍很流行，但刮去的部分较大且不太规整。外装具主要是漏斗形匣钵和筒形匣钵，个体较大，所有的器物可能都是匣钵装烧。

老虎洞南宋层窑址出土较为典型的器形有鹅颈瓶、梅瓶、镂孔套瓶、纸槌瓶、夹层碗、觚、套盒、折沿盆、盖碗、盏托以及各式炉等。总体看来，南宋上下两层遗物之间虽然是以相同元素为主，但也存在较大的差异：器形尺寸由大到小，圈足由高变低、从外撇变直，胎由薄变厚，釉由薄变厚，装烧方法从支烧为主变为垫烧为主。《坦斋笔衡》中记载南宋官窑瓷器的制法中有"澄泥为范"一说，老虎洞窑址虽未发现范模，但是从出土器物特征来看，似乎为模制成型。老虎洞窑址出土的碗、盘类器物几乎都为接足或分段制作，器物大小也较为一致。

元代层遗址未发现瓷片坑，可能已不具备官窑的性质。出土器物以日用器和陈设器较多。器物形制发生了较大变化，流行花瓣口和瓜瓣腹器物。胎质有两种，褐色胎（香灰色）较多，有的褐色胎近黑色。釉色与南宋期相比变化较大，主要是青灰色或青泛黄色，少量呈黄白色，总体上釉色较暗淡，光泽度不高。器物胎体一般较厚，釉层较薄，以厚胎薄釉器物为主，厚胎厚釉器物少见，薄胎厚釉器物基本停烧。与南宋晚期相比，裹足支烧又变成了最常见的装烧方式，支钉以五头或四头的片状支钉为主。也有裹足刮釉的烧造方法，工艺较精致。此时的老虎洞窑已有粗、精两类产品。其中，碗、盘类器物有些采用涩圈叠烧法，制作较粗率。外装具主要是粗大的漏斗形匣钵。另外，该层还出土了带八思巴文的窑具，故此期年代为元代无疑。

（二）南宋郊坛下官窑

南宋郊坛下官窑遗址位于杭州市上城区闸口乌龟山西麓，东北距南宋皇城2千米。东为钱塘江北岸平地，距钱塘江约500米；西为八卦田，与桃花山接壤；北倚将台山。乌龟山东西长300米，南北宽200米，海拔76米，山上有紫金土、瓷石等制瓷原料，瓷业生产的自然条件良好。

由于历代文化层的叠压，郊坛下窑址破坏较为严重。窑址作坊区地层可分为三层：

第一层

A层：土色灰黑，质地松软，内含碎瓷片等近现代遗物以及南宋官窑瓷器、窑具和越窑、龙泉窑等的碎片。这一层为现代耕土层。

B层：土色偏灰，夹杂有黄、褐、深灰等色的土块，土质松散。根据出土遗物推测这一层形成于明清时期。

第二层

南部地层土色偏红褐，北部地层土色偏黄灰，厚0.2—0.6米。该层发现了一组比较完整的建筑基址，房基填土中出有明代青花瓷片，故这一建筑可能建造于明代。推测这一层为元明时期的建筑层。

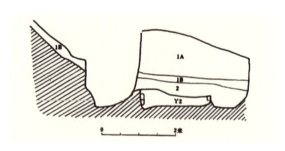

郊坛下Y2南侧地层剖面图

第三层

该层含有沙性黄褐色锈斑土，并杂有较多紫金土块，距地表0.8—2米。该层层面上发现了南宋时期的作坊遗迹，为南宋官窑作坊层。

乌龟山西麓的缓坡上发现窑炉二座，现以Y2南壁地层为例，窑炉地层自地表以下可分为三层：

第一层

A层：厚0.6—1.15米，内含较多红烧土、窑砖、窑具等遗存及其他窑系的瓷片。为近代表土层。

B层：土色灰黑，土质疏松。此层发现了清代小墓18座。

第二层

黄褐色沙质土，厚0.3—0.6米。此层发现了元代墓葬3座，为元明层。

第三层

土色红褐，土质松，厚0.2—0.55米，距地表深1.1—2米，包含了大量红烧土、窑砖碎块、匣钵、支垫具以及南宋官窑瓷片，这一层为窑炉遗迹层。

1. 窑炉

窑炉有素烧炉和龙窑两种。

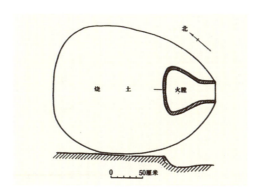

素烧炉遗迹平面、剖面图

素烧炉平面呈马蹄形，通长0.8米，火膛宽0.67米，口宽0.28米，残深0.16米。烧结的火膛壁厚0.03米。火膛内堆积有红烧土、碎红砖、少量素烧坯碎片，火膛底有黑灰。火膛周围1.5米直径范围内有厚达0.05—0.1米的烧土层，分布形状与火膛一致，略呈马蹄形，可能是炉基范围。炉前方发现大量散布于地面的素烧坯堆积。

在乌龟山西坡发现了长条斜坡式龙窑，龙窑遗迹保存较为完整，自西南向东北、自下而上延伸，方向235°，斜坡长度37.5米，宽1.34—1.8米，高差7.2米。窑炉由火膛、窑室、出烟室三部分组成。

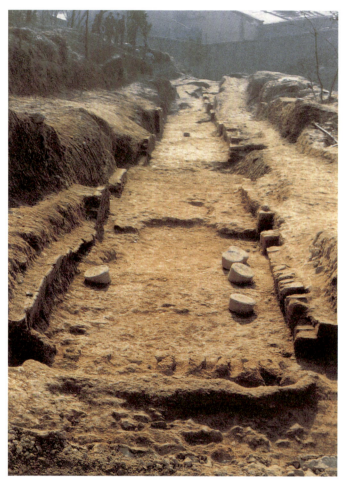

南宋郊坛下官窑Y2遗迹

火膛 位于窑炉南端，山坡最低处，平面呈半圆形，火膛后部有隔墙。前方有1平方米左右的平整地面，为窑前工作室。

窑室 在窑炉的中段，占窑炉的绝大部分体积，呈斜坡状。由窑墙、窑门、窑顶、投柴孔、窑底等结构组成。窑墙由长方形砖及楔形砖砌建，墙壁大部分用夹砂长方形耐火砖单层顺南北向平铺错缝叠砌，窑头起弧处及窑顶起券处以楔形砖垒砌，砖缝间用黄黏土粘接固定。窑门皆开置于西侧窑墙，且多集中于窑室的前、中段。现存窑门3处，各门坎处均有残破匣钵或窑具铺垫。窑顶已坍塌，应是拱券式顶，高度在1.70米左右。窑底为斜坡状，煅烧较硬，前段有红烧土及较厚的烧结层，中段和尾部铺有薄层石英砂粒。底部红烧土层厚度在0.1米以上，烧结面呈深蓝绿色的釉质光泽。

出烟室　位于窑炉的尾部，山坡高处。出烟室呈东西宽、南北窄的圆角长方形。南侧有烟火柱8个，由长25厘米、宽10厘米、厚14厘米的砖顺南北向直放平铺叠砌，各砖柱间距0.1米左右，形成孔道为出烟孔。烟火柱北侧为出烟室。

2. 作坊遗迹

分布在乌龟山与桃花山之间的山岙中，发现的作坊遗迹有房基、炼泥池、辘轳坑、釉料缸、堆料坑、排水沟、砖墙、挡土墙和道路等。其中房基共发现3处，分别是F3、F4、F5。

F3为一座坐西北朝东南的三开间平房，房基平面呈长方形，通面阔10.45米，总面积达53平方米。室内地面由红烧土、紫金土、黄褐色沙上铺垫而成。房基地面略高于室外地面。柱石共有8块，全部保存下来，均置于夯实的地面上，形状有两类：一类是经过加工的小方石，较规整，边长32厘米左右；另一类是较平整的自然石块，形状不规整。墙基系由小石块、匣钵、青砖在地面上垒砌而成。推测F3是一座四周立柱、以瓦盖顶的工棚式建筑，应为制坯成型的工房。

F4在规模、结构上与F3大体相似，靠房一侧的沟壁局部用石块垒砌，应该为散水沟。沟的东面有大片平整铺沙地面，推测可能是晒坯场。在F4地面发现有大量已上釉或未上釉的素烧坯以及辘轳坑、釉料缸等，说明F4为修坯、上釉的工房。

F5坐西北朝东南，四周墙基用砖垒砌。面阔9.35米，进深8.55米，总面积达80平方米。据遗迹来看，应为砖墙瓦顶的建筑，檐下有散水沟，较为考究，可能是官窑匠师居住或储存产品的场所。

挡土墙　位于F3前方2.3米处，残存墙基。此处墙基应是用来挡山坡下流的土、石及水。南北向，残长7米，宽0.4米，残存高度0.15米。全部用石块垒砌。

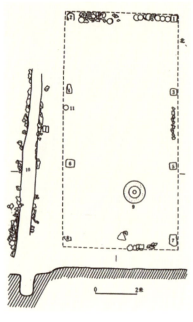
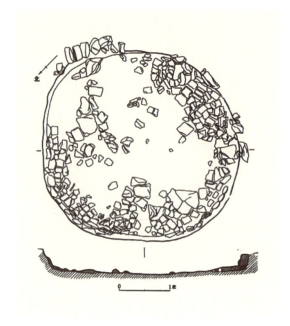

F3平面、剖面图　　　　　　　　　炼泥池平面、剖面图

炼泥池　为大型浅圆坑，池壁斜收，呈口大底小状。池口直径3.93米，底径3.8米，深0.32—0.44米。池口部和池壁用匣钵底片及石块垒砌，池底铺石块和青灰色残砖。

辘轳坑　发现2处，一处坑口开于F3室内活动面，坑底深入至生土。从平面观察，辘轳基坑呈3个同心圆形，中心小坑系埋木轴坑。辘轳坑所在屋外有炼泥池，此辘轳应是制坯成型用。另一处辘轳坑口径0.35米，残深0.05米。不远处有釉料缸及素烧坯堆等遗存，这一处辘轳可能用于修坯和刮釉。

釉料缸　发现两只，缸的下腹及底部埋于地面以下加以固定，缸内残留釉料。此外，还发现了排水沟、道路、素烧坯堆等遗存。

出土器物及窑具　乌龟山窑址出土的官窑器物最多的是碗、盘、瓶、罐、壶、盆等日常生活用器，另外还有一批宋代民窑中少见或不见的仿古器，如鼎式、高式、樽式、簋式或带乳钉的香炉和熏炉、觚、琮式瓶等。主要以厚胎薄釉与薄胎厚釉两类产品为主，器口与足底有"紫口铁足"现象。釉色以粉青和米黄两色为正烧品的主要色泽，这类釉色的瓷器具有玉质感。大部分出土瓷片以灰青、黄褐、土黄色为多。瓷胎采用瓷石与紫金土二元配方制瓷。总体来看器物胎体由厚变薄，釉由薄变厚，装坯的窑具由以支具为主变为以垫具为主。

窑址发现了大量的素烧坯，素烧坯有的无釉，有的已上一次或两次釉，说明官窑后期薄胎厚釉青瓷多次素烧、多次上釉的工艺流程。装烧有支烧和垫烧两种，一般支烧器以薄釉居多，垫烧器以厚釉居多。此外还有刮釉垫烧等方法。制作工艺以轮制为主，兼有手制、模制、坯胎分段镶接或分片粘接等手法。同时还出土了部分制瓷工具如研磨釉料用的研钵、杵，制作花纹的范模以及荡箍、轴顶碗等。窑具发现有匣钵、支烧具、垫烧具、火眼等，其中匣钵出土量较多，有钵形、罐形、碗形、盆形四种式样。匣钵盖形似倒扣的盆，顶小底大，质地为瓷土或夹砂耐火黏土。支烧器与垫烧器上还发现有刻印文字、纹饰等。

四、哥窑之谜

与南宋官窑较早有窑址被发现不同，公认的哥窑窑址一直未被发现，对于哥窑的认知长期处于模糊不清的状态。为了便于研究，学者多把故宫博物院及台北"故宫博物院"、上海博物馆等机构收藏的一批与文献所描述哥窑器类似的器物称为"传世哥窑"，而对传世哥窑的研究则长时间停留在对文献的讨论阶段。目前发现最早提及哥窑的文献为元至正二十三年（1363）孔齐所著《静斋至正直记》，文中提到"哥哥洞窑"或"哥哥窑"绝类古官窑，是目前研究哥窑的最重要文献之一。此后的史料则多见于明代文人笔记、有关地方志及清代陶瓷专著中，较为重要的有《格古要论》《遵生八笺》《广志绎》《春风堂随笔》及嘉靖四十年（1561）《浙江通志》等。在成书于元至明代宣德时期的文献中，提到哥窑的窑址都是在杭州，但从明代嘉靖年间开始，以《春风堂随笔》为最早，开始提到处州龙泉县琉华山下，在宋时有章生一、章生二兄弟皆烧青瓷器，章生一所烧即为哥窑。有关章氏兄弟的传说，始见于嘉靖《浙江通志》："（处州龙泉）县南七十里曰琉华山……山下即琉田，居民多以陶为业。相传旧有章生一、生二兄弟，二人未详何时人。主琉田窑造青器，粹美冠绝当世，曰哥窑，弟曰生二窑。"[1]此中不详章氏兄弟为何时人，不过考诸《静斋至正直记》和《格古要论》二书，对章氏兄弟所处时代或可理出些眉目。《静斋至正直记》载："乙未冬，在杭州时，市哥哥洞窑器者一香鼎，质细虽新，其色莹润如旧造，识者犹疑之。会荆溪王德翁亦云：'近日哥哥窑绝类古官窑，不可不细辨也。'"[2]该书刊刻于至正二十三年（1363），其所说

---

[1] [明]胡宗宪等纂修：《浙江通志》卷八，明嘉靖刻本，第135页。
[2] [元]孔齐：《静斋至正直记》卷四，《窑器不足珍》，中华书局，1991年，第258页。

的乙未年当为至正十五年（1355）。又从文中王德翁云"近日哥哥窑绝类古官窑"一语，可知元代晚期哥哥窑是正在烧造生产的一处窑场的窑名。

由于文献记载语焉不详甚至有相矛盾之处，学界对于哥窑内涵存在诸多争议，尤其是其产地问题，除认为其在杭州凤凰山附近烧造外，部分学者还认为龙泉也是哥窑产地，并把龙泉黑胎青釉产品称为龙泉哥窑。但根据上海硅酸盐研究所对"哥窑"、郊坛下官窑、景德镇仿官窑、龙泉大窑黑胎青瓷等标本进行的科学测试结果，传世哥窑烧造于龙泉的说法基本已被学界否定。

对于哥窑烧造年代的问题，过去笼统地认为应该是宋元时期，但究竟是宋还是元？在宋代文献里没有哥窑的记载；此外，全国各地考古发掘的宋代墓葬、遗址的数量比元明时期多得多，但是没有出土一件哥窑瓷器。

对于南宋官窑和哥窑的认识，尤其是在国外，一直存在官、哥不分的情况。大部分世界著名博物馆所藏官窑和哥窑器物，一般都被统一定名为官窑制品。究其原因，二者从外观上看确有诸多共性，如器形、釉色多近似，且均有紫口铁足，釉面都有开片。但在细节上，两者的个性差异也客观存在，如哥窑的器形较小巧，但胎体较官窑更粗更厚重，釉较薄且玻璃质感也更强，釉面开片相比官窑较小，且存在一类风格较为突出、开片呈"金丝铁线"的产品。除传世哥窑外，在元明时期的遗址中还发现了一些类官窑器，如上海青浦任氏墓出土的青釉炉与胆瓶、南京汪兴祖墓出土的12件青釉盘、安徽安庆元代窖藏出土的5件青釉盘与杯、明初沐英墓出土的2件青釉贯耳瓶等。这些器物到底是官窑还是哥窑、产地在哪里等问题长时间未能解决。

1996年杭州老虎洞窑址被发现，继而1998年5月至12月，1999年10月至2001年3月，杭州市文物考古所对凤凰山与九华山之间山坳平地进行了两次大规模的考古发掘，全面揭示了不同时期的窑炉、作坊等遗迹，其地层堆积丰富，叠压关系明显。在南宋层发现有不同时代的窑炉、作坊、瓷器堆积坑等遗迹，所呈现的窑场组织形式与生产流程、建筑材料、瓷器胎釉特征、制作工艺、瓷片的处理方式等，均可说明其为南宋时期等级极高的制瓷窑场。结合窑址所在地为《咸淳临安志》及《京城图》中"修内司"所辖范围，目前古陶瓷学界已经基本认定老虎洞窑址南宋层即为南宋修内司官窑窑址。

除南宋层外，老虎洞窑址的元代层还出土了大量类似于南宋层的瓷片和窑具，不同之处在于此层没有瓷片堆积坑。与南宋层的瓷片相比，其产品胎较粗，胎体厚重，以灰胎为主，黑胎次之，釉以米黄、灰青、月白等釉为主，部分器物的口沿部施青釉，大部分瓷片釉的玻璃质感较强，釉内有小气泡。烧制方法以支烧为主，垫烧器很少见，支钉有3、4、5、6个不等。器型以小型器为多，主要有碗、瓶、盘、洗、杯、器盖、鸟食罐等，个别碗底釉下用褐彩写有"官窑"二字。从总体看，此层瓷器不及南宋时期的精细。此层出土的窑具很多，有匣钵、支烧具和垫烧具。支烧具上发现有模印的文字和动物图案，文字有用八思巴文书写的文字和"大吉""之"等字样，动物图案有虎、鹿等。这一地层中出土了模印有八思巴文的支钉，为其断代提供了依据。

就老虎洞窑址的发掘材料看，元代层出土的产品因和传世哥窑瓷器中那种米黄釉带开片的类型极为类似，故称之为"类哥窑器"。南宋中晚期至元代初年地层所出的釉色偏青、品质较高的瓷器，也和我们所说的"具有金丝铁线的特征并呈青色"的标准哥窑器相近，再加上元代地层还出土有"官窑"铭的材料，这就使人不能不对该窑场和哥窑的关系及在元代的官民属性做进一步的思考。

至元十三年（1276），元兵下临安是在兵不血刃的过程中和平实现的，故元人尽得南宋朝廷掌握的户籍、府库。若考虑到元人对各行手工匠人专立匠籍的管理方式，在南宋时期已被官府籍其姓名的手工业匠人也必定会无一脱漏地被元政府列入匠籍，那些原服务于南宋二官窑的制瓷匠人亦必不例外。这是元朝统一江南后得以继续生产瓷器的工匠来源和技术保证。

继之应讨论的就是这些制瓷匠人从事生产所在的具体窑场。元代虽在中央立局院官专管各行业的手工生产，并召集天下工匠聚之京师，但从至元十五年（1278）立浮梁瓷局于景德镇专管瓷器生产等事务看，昔日景德镇的制瓷匠人并未集中于京师，当时对瓷器生产的管理能做到因地制宜，即在瓷器生产地设窑并置署管理烧造。此外，元兵下临安时，原宋朝的各级官府、官吏都被元人有计划、有秩序地接收，并使之参与新政权的管理和安抚工作，因此原宋人的官府制瓷机构也不会被破坏或摧毁，而应被元政府接管，那些在宋代服务于官府窑场的制瓷匠人自然也原封不动地为元人所继承。从老虎洞窑址的发掘材料看，虽然元代地层中出土有几件"官窑"铭的残碗，但不应认为老虎洞窑在元代仍为官窑，因为元代老虎洞窑的产品在江苏、安徽等地的民间墓葬中有出土，其性质可能是由官府或民间设立的普通窑场，其产品主要以仿烧南宋官窑为主。元政府在南宋修内司窑址旧地设窑场烧造，很可能由专人在宋修内司窑旧址继续组织生产，那么，在宋代存于临安城、服务于宋官窑的制瓷匠人自然会留在该官府窑场继续从事生产。

文献记载和考古发掘资料显示，南宋修内司官窑设立在先，但南宋朝廷在郊坛下别立新窑后，修内司窑很可能逐渐停止烧造，原有工匠转移至郊坛下窑址继续为宫廷烧造瓷器，但修内司窑停烧时间不会太早，且停烧时间也不长，故修内司官窑依然具备烧制高质量青瓷的条件，瓷土、燃料等资源依然丰富。元代初期，先前服务于郊坛下官窑的原班工匠抑或这些工匠的传承人又重新在修内司窑旧址上开窑烧瓷，所以该窑的产品和南宋晚期的产品基本相同，出土材料也恰好证明了这一点。但如上所述，如果老虎洞窑南宋中晚期和元代早期瓷器的烧造地点、工匠构成、瓷土来源均相近的话，那两个地层所出土的瓷器为何在胎体和釉色上具有一定程度的差别呢？其主要原因有二：第一，元代匠籍制度和南宋存在质的不同，是一种官府匠籍奴隶制。官匠须无止境且无偿服务于官府手工作坊，因此元代官匠几无生产积极性可言，这必导致官府作坊产品的质量日趋下降。第二，两个时期该窑场的性质发生了根本性的变化，南宋时作为修内司官窑专为宫廷烧造瓷器，为了追求产品质量必定不计成本。而南宋灭亡后，该窑虽持续烧造仿官窑青瓷，但已不是专为宫廷烧造，其性质很可能只是隶属于官府的一座普通窑场，所以不可能像前代一般不计成本地制胎配釉，产品面貌有所变化就在所难免。工匠积极性的减弱与烧造成本的控制，使元代老虎洞官窑的产品很快就和早期有了变化，原来那种和南宋官窑瓷器质量近同、釉色偏青（或青灰）、品质较高的产品很快就被米黄釉（灰中泛黄）类产品所替代，于是就有了遗址出土的"类哥窑"器。

上海硅酸盐研究所的李家治先生对故宫博物院提供的传世哥窑瓷片、老虎洞窑址元代地层及元大都出土的类似哥窑瓷片进行科学测定，发现传世哥窑及元大都出土哥窑瓷片在化学成分和显微结构上与老虎洞元代层出土瓷片比较接近，得出二者很可能是老虎洞窑在元代生产的制品这一结论。结合明代《广志绎》《燕闲清赏笺》中提到的官、哥二窑烧于或俱取土于凤凰山下的记载，我们可以认为，元代杭州老虎洞窑应该是传世哥窑的产地。

随着对老虎洞窑址文化面貌及南宋官窑认知的不断加深，基本可以判断，在上述元明墓葬或窖藏中出土的那一批类官窑器，大多应该是元代老虎洞窑产品。需要说明的是，除传世哥窑器能够确定生产于元代老虎洞外，哥窑的产地很可能是多元的。

第十章

南宋临安城内的寺庙宫观

一、南宋时期宗教发展

　　临安城佛教群众基础深厚，自吴越国时期即备受推崇，发展至南宋宗教势力愈益强大。道教建筑与佛教建筑数量悬殊，但因其政治地位特殊，故受到朝廷重视。建炎以来，南宋驻跸临安。宋高宗承继大统，力图绍祚中兴，以"神道设教"。

　　南宋既承袭北宋建造御前宫观的做法，还推出新的道教神祇，恢复重建道教宫观，同时对佛教的发展并不遏制。宋高宗奠定了南宋宗教政策的基调，此后南宋历代君主在对待儒、释、道三教的政治态度上，均没有宋徽宗时期明显的崇道抑佛倾向，在保证道教国教地位的基础上，维持各教派相互平衡，共同发展。

　　南宋临安宗教建筑林立，其中佛教和道教建筑占绝大多数。时人以为："今浮屠、老氏之宫遍天下，而钱塘为尤众。二氏之教莫盛于钱塘，而学浮屠者为尤众。合京城内外暨诸邑寺以百计者九，而羽士之庐不能什一。"[1]

---

[1]　[宋]潜说友：《咸淳临安志》卷七五《寺观一》，第3册，浙江古籍出版社，2012年，第1214页。

佛教 佛教寺院的发展源于佛教在中国的传播与发展。唐末五代之后，南方佛寺兴盛，北方屡遭灭佛。吴越、南唐、闽等政权偏安一隅，战事较少，吴越王钱氏以及闽王王氏都大力推崇佛教。吴越王钱氏的都城杭州建立了许多寺院，佛教文化大为兴盛。佛教自汉代传入我国以后，便对中国产生了深远的影响。中唐以后禅宗兴起。五代、北宋以后，禅宗的势力遍及全国，其中心在江南地区。南宋时期由朝廷品定天下诸寺寺格等级，敕定南宋时期规模最大和最有名望的禅宗五山十刹，"五山"为临安径山寺、灵隐寺、净慈寺以及明州天童寺和阿育王寺；"十刹"为杭州永祚寺、湖州护圣万寿寺、建康太平兴国寺、苏州报恩光孝寺、明州资圣寺、温州龙翔寺、福州崇圣寺、婺州宝林寺、苏州云岩寺、台州国清教忠寺。十刹之下设有甲刹。故南宋时期的五山十刹官寺制度实际上是由五山、十刹和甲刹这51座大寺所组成的三级寺格等级制度。南渡后的五山十刹皆在南宋所辖疆域之内，其分布形成了以临安为中心、以江南两浙为重点的地域特色。南宋临安城的佛教寺院，仅在临安治下的钱塘县和仁和县就有385处，相当于其他7个县185处的两倍多。

佛教寺院的布局与佛教在中国的发展存在一定关系。南北朝时期寺院的典型布局为前塔后殿，塔是佛寺中最为重要的建筑。南北朝至唐代，寺院的布局由以塔为中心逐渐转变为以佛殿为中心，主体布局注重轴线关系和廊院形式。隋唐时代，佛殿在寺中的地位最为尊崇，塔一般位于寺的后面。这种由"前塔后殿""塔殿并重"转变为后来的以殿为主、塔退居次要的布局，是与大殿重要性的提升有一定关系的。[1]大殿重要性提升的直接原因，存于对偶像膜拜需求的增加以及佛教造像的高度发展。禅宗的发展使来自西域的佛教中国化，彻底改变了佛教在中国的存在形式，寺院形态完全中国化。这一改制在建筑上表现为：一反传统伽蓝以佛塔为中心的布局，树立起以法堂为中心的构成形式。[2]法堂为禅寺的演法之堂，是初期禅寺构成最重要的建筑。僧堂是这一时期禅寺构成上的另一重要建筑。除法堂、僧堂外，早期禅寺建筑还有方丈、寮舍及山门等。南宋禅寺的布局模式基本为中轴线上纵列山门、佛殿、法堂、方

---

[1]　王媛：《江南禅寺》，上海交通大学出版社，2009年，第89页。
[2]　张十庆：《中同江南禅宗寺院建筑》，湖北教育出版社，2002年，第38—39页。

丈，横轴线上厨库与僧堂对置于佛殿东西两侧，形成以佛殿为中心的纵横十字轴结构。[1]

南宋时期江南禅寺的布局以山地寺院为特色，山寺成为禅刹的象征，且基本选址山麓，借山石林泉，形成禅寺自然的山地园林。南宋时期的"五山十刹"即为南宋时期山寺的代表。

道教　南宋前期虽然道教的发展不及北宋末年，但到了理宗和度宗两朝，道教迅速发展，呈现出一派繁荣昌盛的景象。由于统治者的重视，皇帝改建自己的宅邸或是直接拨款建造御前宫观，承袭北宋建造御前宫观的传统，在临安城修建了十大御前宫观。南宋一朝临安城内分布着众多道观，遗留至今的道教遗迹极少，仅存通玄观造像一处。

---

[1]　张十庆：《中同江南禅宗寺院建筑》，湖北教育出版社，2002年，第44页。

二、南宋时期宗教遗迹寻访

杭州的南宋佛教遗迹有寺院、石窟造像等，目前已经发现的南宋时期寺院遗址有3处，分别是南宋姚园寺遗址、南宋永福寺遗址、南宋灵隐寺法堂遗址。此外，杭州的佛教遗迹还有杭州飞来峰南宋造像。

南宋姚园寺遗址　位于今杭州市姚园寺巷南侧、建国南路以东、郭东园巷南。1998年8—10月，杭州市文物考古所对姚园寺遗址进行了抢救性发掘，发现了天井、房、廊、水沟等遗迹。

姚园寺天井遗迹

天井呈方形，面积9平方米，方砖墁地，方砖规格为34厘米×34厘米×4厘米和30厘米×30厘米×4厘米，方砖之间局部地段用长方砖充填，方砖底部为黄黏土夯筑而成，厚约0.12米。

天井西侧发现了一间较为完整的房屋遗迹，该房屋坐北朝南，面积约15平方米。夯土由黄黏土夯筑而成，厚约0.12米，其下为粉沙土。四角是柱础石，规格为40厘米×40厘米×11厘米。方砖墁地，大部分已被扰乱，部分地段无砖。

姚园寺房屋遗迹

　　廊发现两处，分别位于天井南侧和房屋西侧。天井南侧的廊为东西向，长约4.5米，宽约1.6米，方砖墁地，中部略拱起，方砖错缝平铺，局部被破坏，暴露出黄黏土，其下为粉沙土。房屋西侧的廊南北向，残长4.2米，宽约1.3米，方砖墁地，西侧用长方砖包砌。

　　姚园寺，宋初为姚氏花园。南宋高宗绍兴初年，东京僧人慈昌购园结庵。至孝宗乾道时（1165—1173），增创堂殿，并赐额为姚园寺。淳祐二年（1242），重建罗汉殿八十楹，又在寺内建膺福殿。咸淳年间，崇奉理宗皇帝御容，名声大振。元代姚园寺毁于兵戈，明代洪武年间僧人大云重建。

　　南宋永福寺遗址　位于灵隐之西约一华里处的石笋峰下。2002年12月至2003年5月，为配合杭州市佛教协会的永福寺重建工程，杭州市文物考古所在石笋峰南麓进行了抢救性的考古发掘，发现了房址、挡土墙、排水沟和天井等建筑遗迹。

　　房屋遗迹包括正房和厢房。正房坐北朝南，平面长方形，东西宽约15米，南北进深8米，高于南侧天井地面1.4米。室内西北部保存部分用29厘米×14厘米×4厘米的长方形青砖横向错缝平铺的地面。西北角残存一块直径53厘米、厚24厘米的柱础石，柱础石上面存有残断的圆形角柱，柱底部呈马蹄形，直径30厘米，残高40厘米。

　　厢房位于正房的东西两侧。西厢房南北残长8.7米，东西进深2.8米，地面比正房低1米。地面残存3块柱础石，规格为42厘米×42厘米×16厘米，推测其面宽3.1米，进深2.8米。西北角一块柱础石的外侧用阶檐石石板凿成。在东西两柱础石之间砌有4块宽40厘米、厚8厘米、长短不一的阶檐石石板。东侧与正房台基之间残存有三皮香糕砖错缝平铺叠砌的包边。东厢房破坏严重，南北残长8.7米，东西残宽3.8米。地面比正房低0.65米，室内地面局部存有方砖错缝平铺的地面，规格为30厘米×30厘米×4厘米。

永福寺天井遗迹

　　天井位于正房南侧的东西两侧，中间以5.3米的道路间隔。西侧天井东西长4.7米，南北宽3.7米，地面用28厘米×7厘米×4厘米的香糕砖侧砌，拼砌成多组花纹组成的图案。天井四周用条石包边，地面中间高，四周低。北侧紧贴正房台基砌有1.4米高的石坎。天井的东南角有一条长3.6米、宽0.28米、深0.25米向东侧外面排水的暗沟，西北角存有一块65厘米×57厘米×15厘米的柱础石。

　　南宋灵隐寺法堂遗址　　1999年，杭州市文物考古所在灵隐寺藏经阁工地发现南宋时期的灵隐寺法堂遗址，清理出了保存较好的香糕砖砌散水、水沟、水池等遗迹。水池中出土了50余枚宋代铜钱及扣银边青白瓷碗、黑釉盏等。

灵隐寺，"晋咸和元年，僧慧理建。山门匾曰'绝胜觉场'，相传葛洪所书，或云宋之问书。寺有石塔四，皆吴越王建。宋景德四年，改景德灵隐禅寺。元至大元年，僧慈照重修觉皇殿，至正间毁。国初重建，改灵隐寺"。

据《灵隐寺志》："东晋咸和三年，竺僧慧理游至武林，见飞来峰而叹曰：'此天竺灵鹫峰小岭，不知何代飞来。'人咸不信。理公曰：'此峰向有黑、白二猿在洞修行，必相随而至此。'理公即于洞口呼之，二猿立出。有此因缘，连建五刹。灵鹫、灵山、灵峰等或废或更，而灵隐独存，历代以来，永为禅窟。"作为禅宗的重要寺院，灵隐寺一直备受文人墨客的青睐，留下了很多奇闻轶事和传说。如清人顾景星《白茅堂集》卷四十三载唐代诗人宋之问与骆宾王相遇的传闻：宋之问贬黜放还至灵隐寺，夜月苦吟。有老僧点长明灯坐大禅床曰："少年苦吟何事？"之问曰："弟子题诗，思偶不属。"老僧即吟续之。之问愕然，迟明往访不复见矣。寺僧有知者曰："彼骆宾王也。敬业与宾王俱逃，帅虑得罪求死，人首类二人者以献。后虽知之，不敢捕，故与敬业皆得为僧。"

南宋灵隐寺法堂遗址砖砌散水

杭州飞来峰南宋造像　位于杭州灵隐寺前的飞来峰岩壁上，现为全国重点文物保护单位，现存五代吴越国至明代的造像330余尊，共计窟龛102个。飞来峰为一座高仅169米的石灰岩山峰，由于长期受地下水的溶蚀而形成了多个洞壑。东麓的青林洞、玉乳洞和龙泓洞，洞内怪石林立，壁上雕满造像。

虽始建于东晋咸和元年（326），但在唐会昌年间（841—846）武宗灭佛，已寺毁僧散，吴越时才重开殿宇，进行修缮和扩建。据陆羽《灵隐寺记》，当时的灵隐寺"贤能迭居，碑残简文之辞，榜蠹稚川之字。榭亭岩然，袁松多寿，绣角画栱，霞晕于九霄；藻井丹楹，华垂于四照。修廊重复，潜奔潜玉之泉；飞阁岩晓，下映垂珠之树。风铎触钧天之乐，花鬘搜陆海之珍。碧树花枝，春荣冬茂；翠岚清籁，朝融夕凝"。

历代关于飞来峰形成了不少民间传说，其中总少不了济公的身影。济公的原型在历史上真实存在，是南宋的禅宗高僧。他最初在灵隐寺出家，后转到净慈寺，平日以衣衫不整、不受戒律拘束，却佛法高深、行善积德的形象而广为人知。在众多济公传说中，飞来峰的故事流传最广。传说，一日，济公预测即将有一座来自四川峨眉的小山峰飞至灵隐寺前的村庄，于是马上向村民示警。但因他素日行事疯癫，村民并不相信他的好言相劝。济公不得已在婚礼上抢了新娘，引来村民追逐，使他们免于被山峰砸死的大难。随后，为镇住飞来峰，让它不再到处害人，济公与村民一起凿出五百尊罗汉金身。[1]

从飞来峰"一线天"至壑雷亭附近的岩壁以及呼猿洞口外的悬崖上，飞来峰顶原神尼塔附近都有诸多造像。其中，第68龛布袋弥勒造像依山岩地势造像19尊，呈弧形分布，具有南宋时期的风格。

飞来峰造像第68龛布袋弥勒位于龛的正中，高1.9米，宽2.6米，光头净发，圆脸长耳，欢眉笑眼，通肩袈裟往下脱落，赤足露趾，踞坐在背后的岩石上，左手执一串念珠，右手按一个布袋，旁有木鱼。

布袋弥勒的原型为五代吴越国时期浙江奉化的契此和尚，契此在奉化的岳林寺出家，人称"布袋和尚"。较早记载布袋和尚的当属《宋高僧传》：释契此者，不详氏族，或云四明人也。形裁腲脮，蹙頞皤腹，言语无恒，寝卧随处。常以杖荷布囊入廛肆，见物则乞，至于醯酱鱼菹，才接入口，分少许入囊，号为长汀子布袋师也。曾于雪中卧，而身上无雪，人以此奇之。有偈云"弥勒真弥勒，时人皆不识"等句，人言慈氏垂迹也。又于大桥上立，或问："和尚在此何为？"曰："我在此觅人。"常就人乞啜，其店则物售。袋囊中皆百一供身具也。示人吉凶，必现相表兆。亢日即曳高齿木屐，市桥上竖膝而

---

[1]　杭州市文化局：《西湖民间故事》，浙江文艺出版社，2000年，第79页。

飞来峰造像第68龛布袋弥勒

眠；水潦则系湿草屦。人以此验知。以天复中终于奉川，乡邑共埋之。后有他州见此公，亦荷布袋行。江浙之间多图画其像焉。[1]

宋崇宁三年（1104），岳林寺主持昙振首先为他建阁塑像，后布袋弥勒的形象逐渐传播开来。

通玄观造像 位于杭州市太庙巷七宝山之东的东山南面，部分造像是内侍刘敖入道修真结庵于此的产物。通玄观造像主要为三茅真君造像、元始天尊坐像，在三茅真君像龛的下方有两尊道士造像。三茅真君为道教的神仙茅盈、茅固、茅衷兄弟三人。东山南面现存通玄观三茅真君龛内有立像三尊，皆头戴黄冠，身着道袍，足踩祥云，作道教中的天神形象。中间一尊手捧如意，左右两尊拱手而立，其上方有题记"掌吴越司命三茅真君像"。三茅真君像的右上方有一龛原始天尊坐像，头戴黄冠，身着道袍，端坐仰莲座上，其侧有题记"玉清原始天尊像"。三茅真君像龛的下方有两尊造像：一尊为南宋高宗赵构的内侍刘敖的造像，旁边题记"皇宋开山鹿泉刘真人像"；另一尊为明正德、嘉靖年间自号元一法师、重修通玄观的道士徐道彰的造像。

［1］ [宋]赞宁撰：《宋高僧传》，卷二十一，中华书局，1987年，第553页。

三茅真君造像

宋高宗赵构崇奉道教，在杭州营建了"御前十大宫观"，宁寿观属于其中之一，内侍刘敖曾在此主事。通玄观造像与刘敖有着直接关联。查南宋时期临安三志有关寺庙宫观的记载，没有发现名为通玄观的宗教建筑。南宋时期，宁寿观位于七宝山，通玄观造像，位于七宝山之东的东山，东山之上曾有的宗教建筑也附属于宁寿观。

据《咸淳临安志》记载："观之外曰'东山'为殿以奉今上皇帝寿和圣福皇太后元命，有亭曰寅宾，俯见日出。有庵曰仁寿。东山之南则帝居，北则太室，今皆为禁地。"[1]宁寿观在南宋时期规模很大，现在所称通玄观旧址，南宋时期或为宁寿观一部分。溯源已知史料及通玄观造像崖壁题记，通玄观亦作"通元观"，元、明、清时期均在通玄观造像附近筑基建观，几经毁损，屡加修葺。明嘉靖年间，道士徐道彰在东山之上重修道观，名为通玄观，并非承袭南宋旧观。现在，通玄观旧址已经改建为紫阳小学，不复存在，仅在其崖壁上尚存四龛六尊道教造像以及十余款依稀可辨的题刻。

［1］ [宋]潜说友：《咸淳临安志》卷十三《行在所录·宫观》，浙江古籍出版社，2012年，第452—453页。

三、白马庙遗址的发现

南宋时期巫教盛行，除佛教、道教而外的其他寺庙也兴盛起来，现存南宋时期的白马庙遗址即是一处以祭拜崔府君为主的庙宇。

据《续资治通鉴长编》中载："（崔）府君，唐贞观中为滏阳令，再迁蒲州刺史，失其名。在滏阳有爱惠名，立祠后，因葬其地。"[1]滏阳所在地是位于北方的磁州，可见崔府君信仰的来源地并非江南。至唐晚期，崔府君信仰流传已广，民间有"世传东岳泰山主者崔府君，掌人生禄命修短，善恶昭报不僭"[2]的说法。

南宋绍兴十九年（1149），宋高宗下旨在杭州建显应观供奉崔府君。楼钥所作《中兴显应观记》记录了这座祠庙的兴建缘起："真君崔姓，庙在磁州，旁为道观，河朔人奉之五百余年矣。靖康中，高宗由康邸再使虏，磁去虏营不百里，既去，谒祠下，神马拥舆，胪雟炳然。州人知神之意，劝帝还辕。孝宗诞育于嘉兴，先形绛服拥羊之梦，生有神光烛天之祥，此皆其最著者也。中兴驻跸钱塘，初置观于城南，寻徙于西湖之滨，分灵芝僧寺故基为之。"[3]崔府君的传说分别与南宋两朝皇帝的命运关联，奠定了其在民间信仰中的地位。从南宋开始，"泥马渡康王"的故事常与崔府君信仰联系在一起，成为江南地区民间信仰和传说中饶有趣味的组成部分。

白马庙遗址位于杭州市上城区严官巷北侧，东距南宋御街遗址约30米。

---

[1]　[宋]李焘：《资治通鉴长编》，卷一百十七，中华书局，2004年，第2745页。
[2]　陈学锋主编：《三晋石刻大全·大同市浑源县卷》，三晋出版社，2012年，第104页。
[3]　[宋]楼钥：《中兴显应观记》，《楼钥集》卷五十一，浙江古籍出版社，2010年，第950页。

2003年12月，为配合万松岭隧道东接线的基本建设，杭州市文物考古所在对严官巷一带进行的考古发掘中发现了一处南宋时期的建筑遗址。该遗址出土了砖砌佛座等与寺庙有关的遗物。对照《咸淳临安志·皇城图》，该处为南宋白马庙所在地。在此附近今日尚存"白马庙巷"这一地名。综上认定该处遗址为南宋白马庙遗址。

白马庙建筑遗址全景

南宋白马庙遗址发现了大殿后檐廊、东厢房、天井、过道、边门、排水沟及砖砌佛座等遗存。遗址距地表1.95米，揭露部分南北长55米，东西宽153米。该遗址的南、西、北三部分尚未发掘。

大殿后檐廊遗迹仅揭露了后檐廊的东半部分，宽10米，残存压阑石及4块柱础石。推测大殿面阔五间，周有围廊。天井已揭露部分南北长约3.45米，东西宽7米，泥底，周围砌台阶。下部用条砖错缝平砌，上用压阑石压筑。

东厢房位于天井之东，发现柱础石三块，推测为两进的建筑。揭露部分宽0.8米，进深约6.25米。墙体用长方砖错缝平砌与过道分隔。过道位于天井东侧，为东西向，用长方砖铺地。过道位于东厢房和后檐廊之间，长6.95米，宽3.5米，长方砖铺地。过道东有边门遗迹。

东厢房遗迹

　　排水沟遗迹位于天井南面，宽0.45米，与天井东南隅暗沟交汇后，通过过道底部的暗沟，可将废水排入中河。

　　砖座平面呈长方形，长75厘米，宽57厘米，高34厘米，残存底座、下枭和束腰三部分。底座为青砖铺设的平台。下枭上下共三层，有收分结构，用青砖砌筑，四足均雕刻花纹。束腰表面刻有如意头花纹的青砖竖砌。

大殿后廊檐遗迹

　　《周易·观卦》："观天之神道，而四时不忒。圣人以神道设教，而天下服矣。""神道"即"天之神道","设教"即施行教化,"神道设教"的本意即是借助鬼神之力实施统治。南宋白马庙被认为是"神道设教"的一个代表。

临安城白马庙的兴建源于"泥马渡康王"的传说。靖康元年(1126),康王赵构奉命北上赴金营议和,到达相州(今河南安阳),得知金兵已经渡过黄河进逼开封,赵构没有去寻找金兵主帅,而是径直北上至磁州,后仓皇南逃。途中遇到金兵追杀,情势危急之下有一匹白马把他驮到崔府君庙。崔府君原是当地的一个县令,因对百姓有恩,死后百姓为他立祠。白马将康王驮至庙前就不见了,赵构到处寻找,发现立在廊庑下的一匹泥马正浑身冒着热气。赵构在庙宇睡下后,梦见崔府君催他快走,赵构惊醒后,白马再次出现,驮他到有宋军的安全地方。

到了《说岳全传》,这个故事得到进一步的发挥:"且说康王和金兀术在营外游玩,只见树上有一只白头乌鸦,对康王连叫三声:'赵王你还不回朝。快去,前面有一只马在等你,渡你过去。'金兀术道:'王儿,此鸟在叫什么?'康王道:'此鸟骂你父王叛贼,犬羊之背。'兀术大怒。康王道:'我来用箭射死它。'就搭上箭射去。那鸟衔了箭望东南上飞了去。康王即追上,在万花墩上,有一只白马,康王就跨上马背。那马跑到江边,江水狂风大作是也。"接下来,兀术追赶康王到崔府君庙,此时出现了金氏七兄弟受城隍指引,杀敌救驾,故事情节得到进一步丰富。

赵构南渡建立南宋之后,造祠纪念,祠内有一匹白马,故称白马庙。白马庙在临安城很受重视,南宋历朝皇帝都拨款修葺,每年六月初六崔府君诞辰时,临安城百姓都前去祭拜。

附录

典雅的南宋文物

南宋　龙泉窑青瓷樽式炉

高10厘米　口径10.4厘米　底径7.4厘米

1978年12月，杭州葛岭山麓浙江省摄影协会工地出土

杭州博物馆藏

仿礼器奁造型。炉内折平口，微内斜，筒腹，底部有如意形三矮足，底中心有一圈足，离地而垂，纯做装饰。器壁饰弦纹。白胎坚硬细腻。施粉青釉，釉色淳厚均匀，局部冰裂纹。造型精美，色彩雅致，装饰简洁，表现了南宋时期龙泉制瓷的高超工艺水平。

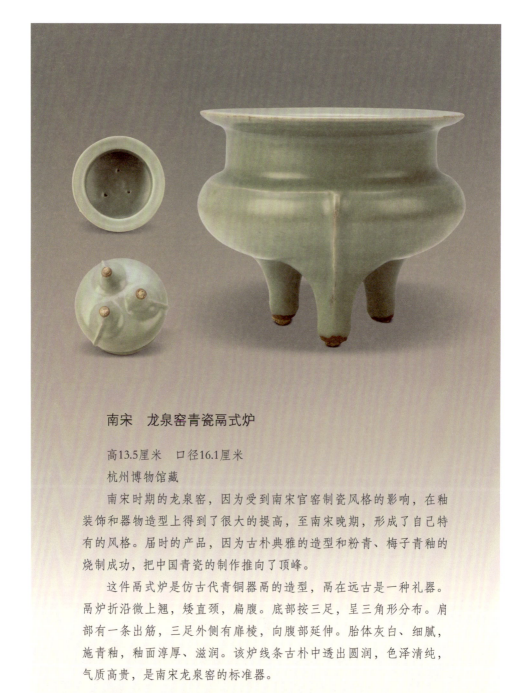

南宋　龙泉窑青瓷鬲式炉

高13.5厘米　口径16.1厘米

杭州博物馆藏

南宋时期的龙泉窑，因为受到南宋官窑制瓷风格的影响，在釉装饰和器物造型上得到了很大的提高，至南宋晚期，形成了自己特有的风格。届时的产品，因为古朴典雅的造型和粉青、梅子青釉的烧制成功，把中国青瓷的制作推向了顶峰。

这件鬲式炉是仿古代青铜器鬲的造型，鬲在远古是一种礼器。鬲炉折沿微上翘，矮直颈，扁腹。底部按三足，呈三角形分布。肩部有一条出筋，三足外侧有扉棱，向腹部延伸。胎体灰白、细腻，施青釉，釉面淳厚、滋润。该炉线条古朴中透出圆润，色泽清纯，气质高贵，是南宋龙泉窑的标准器。

南宋 龙泉窑青瓷凤耳瓶

高17厘米 口径6.7厘米 底径6.7厘米

1978年杭州古荡出土

杭州博物馆藏

凤耳瓶是南宋时期常见的一种陈设器，其造型与同时出现的仿礼器造型器雷同。平口，口沿微上翻，高颈，折肩，筒腹，下部微敛，卧底。胎体坚致，施粉青釉，釉面滋润光滑，釉色淡雅，肩部以下有开片纹。通体素面，颈部饰对称凤首耳。

南宋　龙泉窑青瓷柿形水注

高4.9厘米　腹径6.25厘米　底径3.65厘米

杭州博物馆藏

　　柿形，顶部有"S"形果藤纽，注水和出水孔巧妙置于叶间。通体施青釉，釉质细腻莹润。足底支烧处露火石红。器形精致灵巧。

南宋　龙泉窑青瓷莲瓣碗

高9.4厘米　口径22厘米　底径6.7厘米

1978年杭州古荡出土

杭州博物馆藏

龙泉窑莲瓣碗，器形较大，敞口，深腹，圈足。碗内
素面，外壁有凸起的重瓣仰莲纹，层次分明，呈浅浮雕
状。胎体坚硬细腻，内外施青釉，釉层光滑均匀，局部泛
褐色。圈足修刮规整，露胎呈灰色。该碗造型大方，线条
流畅，纹饰清高典雅，给人以素静的美感。

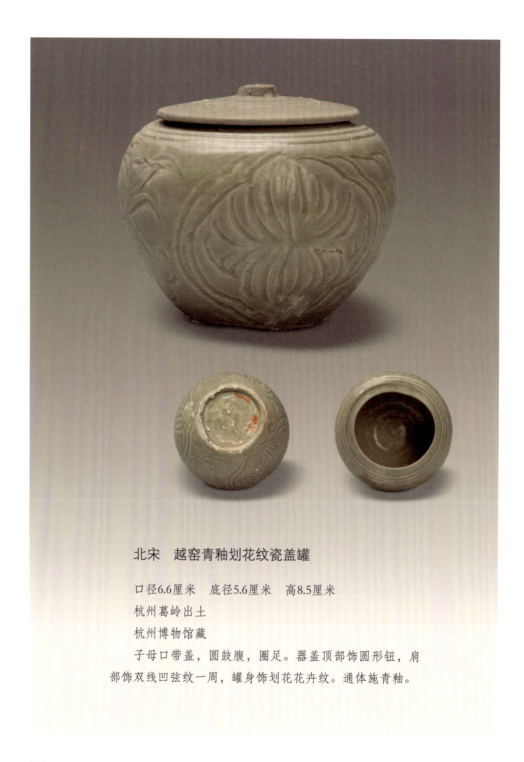

北宋　越窑青釉划花纹瓷盖罐

口径6.6厘米　底径5.6厘米　高8.5厘米

杭州葛岭出土

杭州博物馆藏

子母口带盖，圆鼓腹，圈足。器盖顶部饰圆形钮，肩部饰双线凹弦纹一周，罐身饰划花花卉纹。通体施青釉。

北宋　青釉刻花鸟纹瓷粉盒

口径11.4厘米　底径9.4厘米　高3.9厘米

1990年浙江大学化工厂M33出土

杭州博物馆藏

圆形，盖顶平，边缘呈缓坡状。盒子母口，与盖相扣，平底。盖面饰刻花花鸟纹。通体施青釉，釉面均匀光滑滋润。

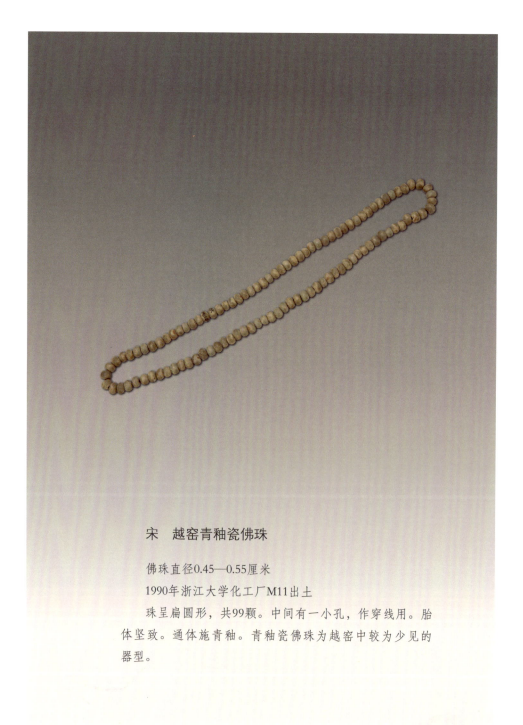

宋 越窑青釉瓷佛珠

佛珠直径0.45—0.55厘米

1990年浙江大学化工厂M11出土

珠呈扁圆形，共99颗。中间有一小孔，作穿线用。胎体坚致。通体施青釉。青釉瓷佛珠为越窑中较为少见的器型。

宋　定窑白釉银扣瓷粉盒

口径10.7厘米　底径7厘米　高5厘米

1989年浙江大学宋墓（M1）出土

杭州博物馆藏

盖为圆拱形，顶部微圆。盖外缘处饰一道弦纹。盒体为子母口，折腹，矮圈足。盖的口沿及盒体口沿均有银扣边，通体素面。盖和盒体口沿的一端有上下相对的两个小圆凸点。出土时盒中有锡制蝴蝶。胎质坚硬细致，胎体轻，呈乳白色。通体施乳白色釉，釉层均匀光滑。

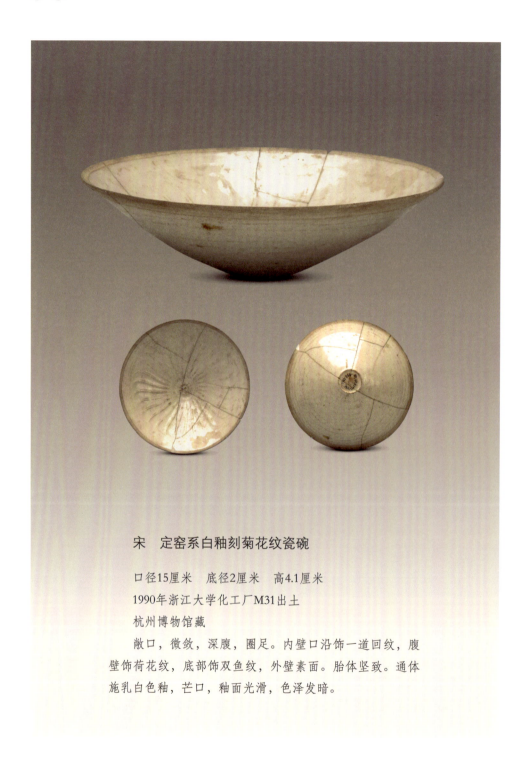

宋 定窑系白釉刻菊花纹瓷碗

口径15厘米 底径2厘米 高4.1厘米

1990年浙江大学化工厂M31出土

杭州博物馆藏

敞口,微敛,深腹,圈足。内壁口沿饰一道回纹,腹壁饰荷花纹,底部饰双鱼纹,外壁素面。胎体坚致。通体施乳白色釉,芒口,釉面光滑,色泽发暗。

宋　定窑白釉印花卉纹瓷碗

口径12.1厘米　底径4.1厘米　高4.5厘米

杭州博物馆藏

敞口，浅腹，圈足。内壁口沿饰一道凹弦纹，腹壁刻
画花叶纹，底心饰朵花纹。外壁素面。胎体坚致。通体施
乳白色釉，釉色均匀光亮。

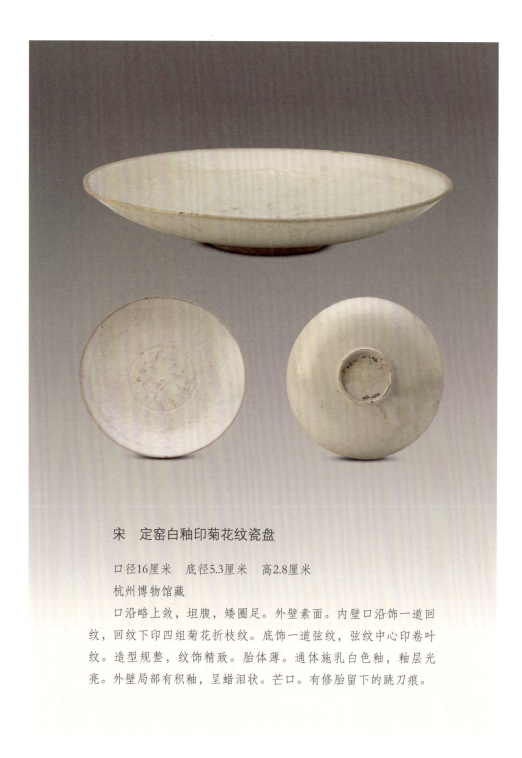

宋　定窑白釉印菊花纹瓷盘

口径16厘米　底径5.3厘米　高2.8厘米

杭州博物馆藏

口沿略上敛，坦腹，矮圈足。外壁素面。内壁口沿饰一道回纹，回纹下印四组菊花折枝纹。底饰一道弦纹，弦纹中心印卷叶纹。造型规整，纹饰精致。胎体薄。通体施乳白色釉，釉层光亮。外壁局部有积釉，呈蜡泪状。芒口。有修胎留下的跳刀痕。

北宋 建窑黑釉兔毫纹瓷盏

口径11.9厘米 底径3.3厘米 高5.9厘米

杭州博物馆藏

敞口，腹壁斜收，矮圈足。胎体粗重，坚硬，呈深褐色。通体施黑釉，釉层淳厚下垂，碗壁形成兔毫纹。釉面光亮，外壁施釉不及底，胎釉交接处有积釉，呈蜡泪状。

宋　黑釉瓷盏

口径11.7厘米　底径3.2厘米　高5.8厘米
1989年浙江大学宋墓（M1）出土
杭州博物馆藏

撇口，斜直腹，圈足。胎体细致。施黑釉不及底，釉
面黑亮。

南宋　吉州窑白地黑花牡丹纹瓷盖罐

口径5.6厘米　底径3.1厘米　高6.3厘米

1980年3月杭州护国寺出土

杭州博物馆藏

口沿略外翻，束颈，圆肩，圆腹，暗圈足。肩部饰三道弦纹，腹部绘缠枝牡丹纹。圆平盖，顶面中间绘褐彩花卉纹，边缘饰两道弦纹。胎质坚硬，胎体轻。施乳白色釉，釉层均匀失透。表面绘釉上彩褐色纹饰。整体造型规整，纹饰精细典雅。

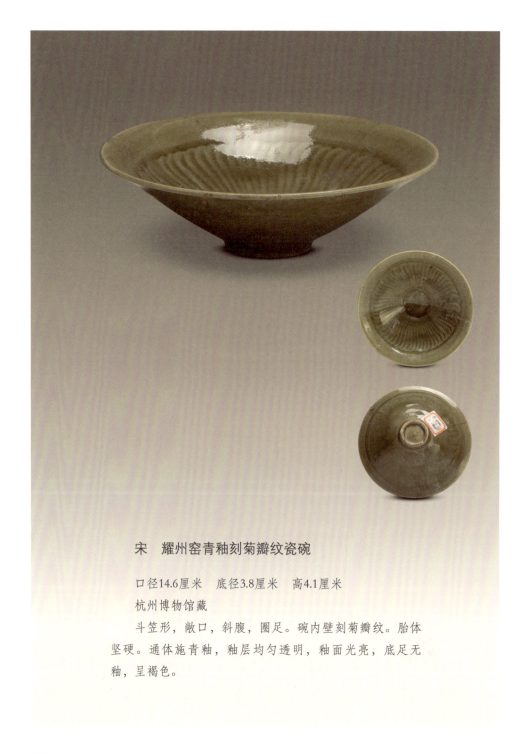

宋 耀州窑青釉刻菊瓣纹瓷碗

口径14.6厘米 底径3.8厘米 高4.1厘米

杭州博物馆藏

斗笠形，敞口，斜腹，圈足。碗内壁刻菊瓣纹。胎体坚硬。通体施青釉，釉层均匀透明，釉面光亮，底足无釉，呈褐色。

宋　耀州窑青釉印花纹瓷碗

口径15.3厘米　底径3.2厘米　高5.2厘米

杭州博物馆藏

斗笠形，敞口，斜腹，圈足。碗内壁饰印花花卉纹。胎体坚硬。通体施青釉，呈青褐色，釉层均匀透明，足底无釉，呈褐色。该碗造型优美，是宋代耀州窑的典型器。

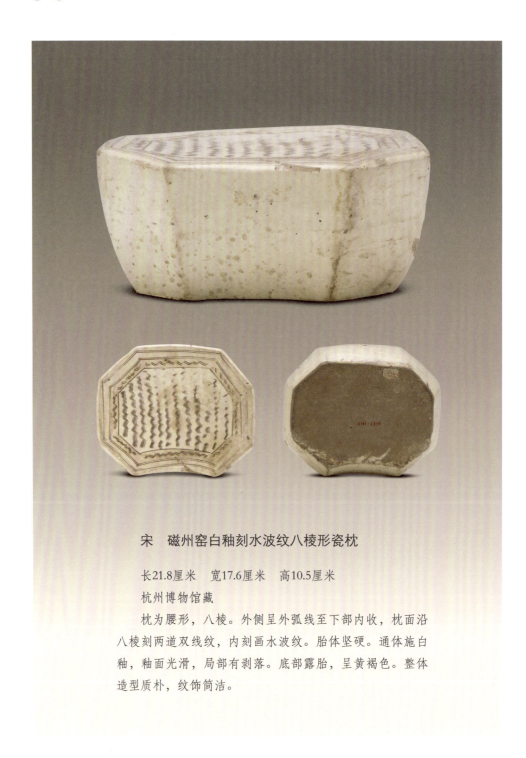

宋　磁州窑白釉刻水波纹八棱形瓷枕

长21.8厘米　宽17.6厘米　高10.5厘米

杭州博物馆藏

枕为腰形，八棱。外侧呈外弧线至下部内收，枕面沿八棱刻两道双线纹，内刻画水波纹。胎体坚硬。通体施白釉，釉面光滑，局部有剥落。底部露胎，呈黄褐色。整体造型质朴，纹饰简洁。

南宋　青白釉墨书"福寿双全"瓷碗

口径18厘米　底径6.9厘米　高6.2厘米

杭州博物馆藏

深腹，圈足。外壁光素，内壁用黑彩书"福寿双全"
四字。通体施青白釉，芒口，露胎呈黄褐色。

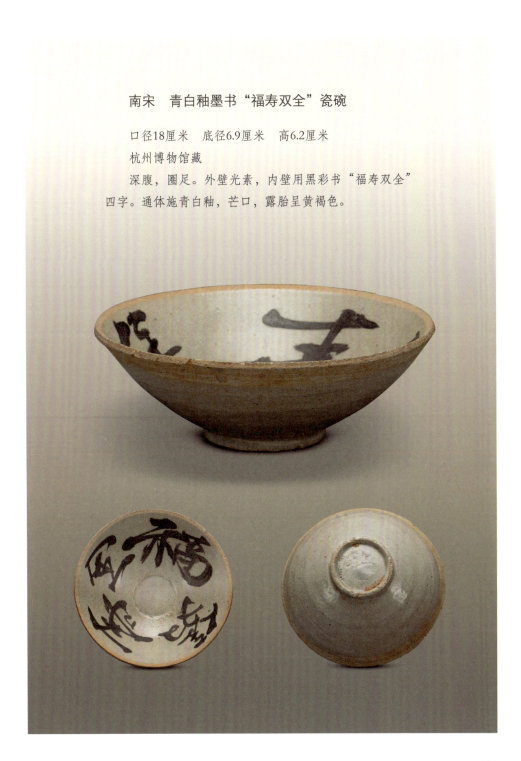

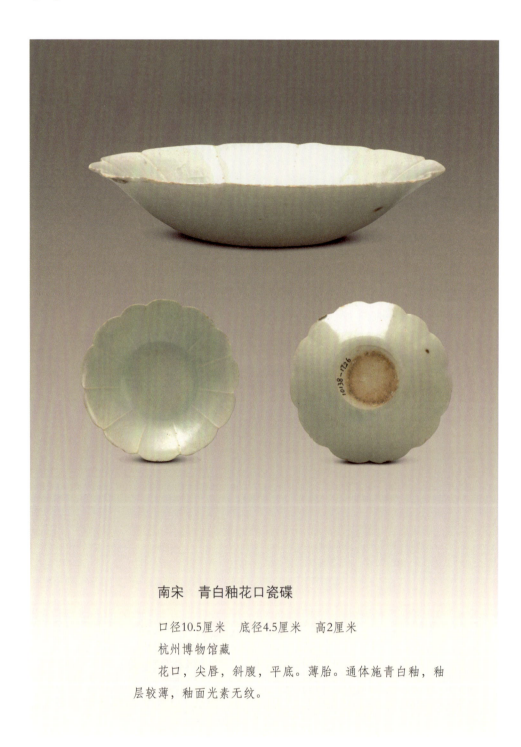

南宋　青白釉花口瓷碟

口径10.5厘米　底径4.5厘米　高2厘米

杭州博物馆藏

花口，尖唇，斜腹，平底。薄胎。通体施青白釉，釉层较薄，釉面光素无纹。

宋人《竹丛翠鸟团扇》

纵21.6厘米　横25.1厘米　绢本设色

杭州博物馆藏

画面右下部钤有"鲜于"朱文印和"铁蕉仙馆"白文印，可知为元代书法家鲜于枢旧藏。此幅作品采用了工笔双钩的画法，画面上荆棘竹丛中，小鸟憩于枝上，表现出安然幽静的意境，这种寄情于写生的花鸟画为宋代常见的风格。

宋 招信纳宝铜钱

径2.6厘米 重5克

2006年由马定祥家属捐赠

杭州博物馆藏

据《宋史·刘光世传》载，招纳信宝是南宋绍兴元年（1131）夏季，南宋将领御前巡卫军都统制兼浙西路安抚大使知镇江府刘光世在镇江特铸的军用钱币。

当时南宋军队与金兵交战，双方势均力敌，隔江相峙相当长的时间，伤亡颇大。刘光世获悉金兵内部不少战士是强征来的百姓，大部分长期居住在北方，久离故土加上水土不服，思乡情绪较大。于是，他亲自策划一枚酷似南宋初期的特殊货币，楷书环读"招纳信宝"，背面方孔上部铸有"使"字，铜质铸造均属精美。每当俘获敌兵，刘光世待之以礼，劝其离开金营，解甲归乡，给足缠费，设宴相送，鼓励他们作为大宋的"招纳"特使，携带"招纳信宝"，回去秘密散发给愿意归乡的同伴。凡是执此钱币渡江的金兵，一律享受嘉宾待遇，不受阻挠，安全放行。这个办法果然奏效，离开金营的士兵络绎不绝。一枚小小钱币，在不到两个月的时间内，瓦解金兵数万，最终逼迫完颜昌退兵而获胜。

招纳信宝是在特殊情况下发挥特殊作用的钱币，铸造量十分有限，与当时同期发行的南宋流通货币建炎通宝、绍兴通宝相比，数量甚微；再加之其流通区域仅限于长江两岸，所以流传至今的真品寥若晨星，十分珍贵。

宋 "韩四郎"金铤

长12.05厘米　宽1.6厘米　厚0.1厘米

杭州博物馆藏

一面有"韩四郎十分金"字样，另一面有"宋宅"字样。

南宋时期金铤和金牌主要用于国务开支、赋税、军费、上供、赏赐、大宗贸易、海外贸易及兑换钞引等经济活动。

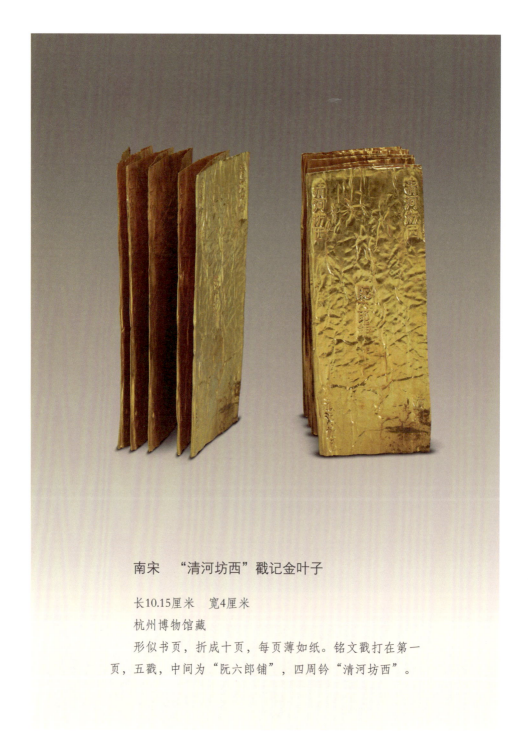

南宋 "清河坊西"戳记金叶子

长10.15厘米 宽4厘米

杭州博物馆藏

形似书页，折成十页，每页薄如纸。铭文戳打在第一页，五戳，中间为"阮六郎铺"，四周钤"清河坊西"。

南宋　临安府贰拾文铅牌

长5.5厘米　宽1.4厘米　厚0.15厘米

杭州博物馆藏

铅质钱牌，呈条形，上端有圆穿。正面铸有"临安府行用"五字，背文为"准贰拾文省"纪值。临安府钱牌俗称镈牌，为南宋都城临安府（今杭州）所铸，为南宋末期（约景定年间）京都临安铸行之地方货币，限于临安府地区使用。由于铸时短暂，铸额不多，行用未广即废行停铸。

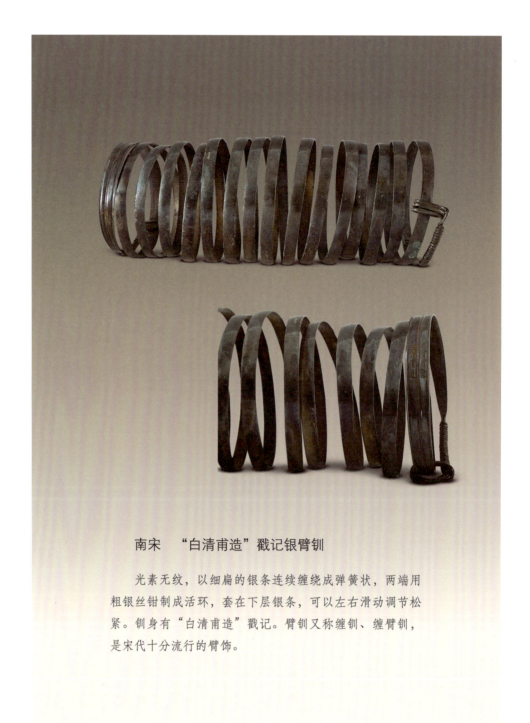

南宋 "白清甫造"戳记银臂钏

光素无纹，以细扁的银条连续缠绕成弹簧状，两端用粗银丝钳制成活环，套在下层银条，可以左右滑动调节松紧。钏身有"白清甫造"戳记。臂钏又称缠钏、缠臂钏，是宋代十分流行的臂饰。

宋　黄玉卧兽

长7.5厘米　宽3厘米　高4.9厘米

杭州博物馆藏

黄玉卧兽，圆雕，兽呈匍匐状，前视，独角，双角下垂，须、鬃以阴线刻成，背部推磨出大联弧脊柱，尾分三缕贴于臀部左右，爪大而尖利。此件器物玉材珍稀，玉质温润，雕刻、打磨、抛光各项工艺都十分精湛，为不可多得的宋玉精品。

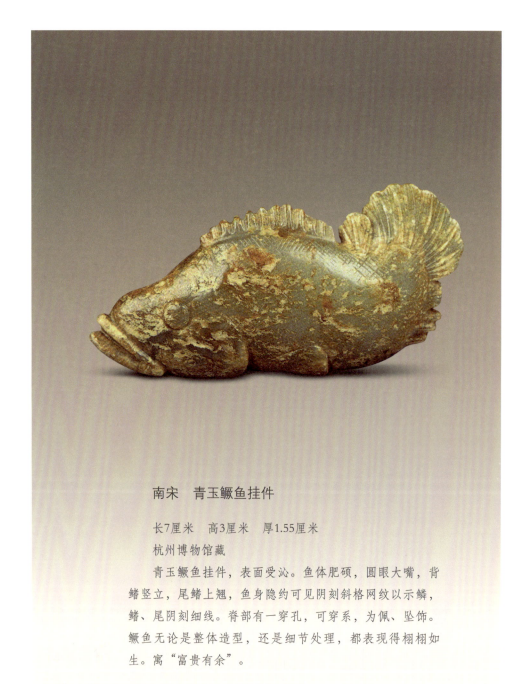

南宋　青玉鳜鱼挂件

长7厘米　高3厘米　厚1.55厘米

杭州博物馆藏

青玉鳜鱼挂件，表面受沁。鱼体肥硕，圆眼大嘴，背鳍竖立，尾鳍上翘，鱼身隐约可见阴刻斜格网纹以示鳞，鳍、尾阴刻细线。脊部有一穿孔，可穿系，为佩、坠饰。鳜鱼无论是整体造型，还是细节处理，都表现得栩栩如生。寓"富贵有余"。

图书在版编目（ＣＩＰ）数据

宋雅 ： 杭州南宋皇城探秘 / 杜正贤著. -- 杭州 ：
西泠印社出版社， 2022.6
ISBN 978-7-5508-3779-9

Ⅰ . ①宋… Ⅱ . ①杜… Ⅲ . ①古城遗址（考古）－研究
－杭州－南宋 Ⅳ . ①K878.34

中国版本图书馆CIP数据核字（2022）第092357号

宋雅 杭州南宋皇城探秘

杜正贤　著

出 品 人	江　吟	
责任编辑	吴心怡	
责任出版	李　兵	
责任校对	刘玉立	
出版发行	西泠印社出版社	

（杭州市西湖文化广场32号5楼　邮政编码　310014）

经　　销	全国新华书店
制　　版	杭州真凯文化艺术有限公司
印　　刷	杭州佳园彩色印刷有限公司
开　　本	710mm×1000mm　1 /16
字　　数	180千
印　　张	13
印　　数	0001—1500
书　　号	ISBN 978-7-5508-3779-9
版　　次	2022年6月第1版　第1次印刷
定　　价	188.00元

版权所有　翻印必究　印制差错　负责调换

西泠印社出版社发行部联系方式：（0571）87243079